逻辑思维是训练出来的

〔日〕侍留启介 著　金磊 译

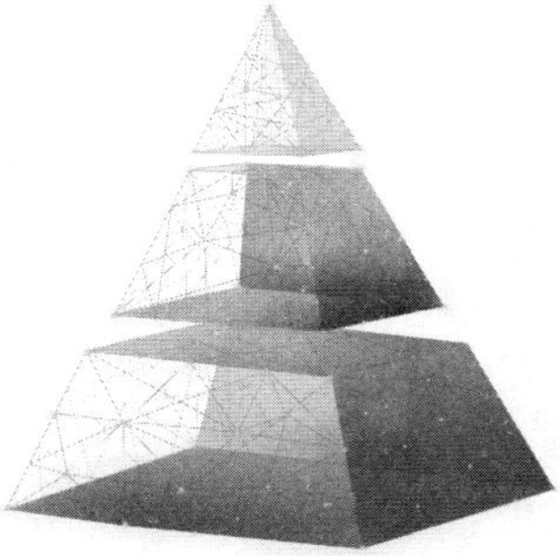

中国友谊出版公司

真正的无知，不是缺少知识，而是拒绝学习。

——卡尔·波普（哲学家）

前言

提高商务人士的学习能力

MBA、商业咨询顾问，都不是“精英”

我在三菱商事大约工作了7年后，考取了美国芝加哥大学的MBA（工商管理硕士）学位，之后又以“商业咨询顾问”的身份供职于麦肯锡公司。

现在，我一边在一家外资投资公司工作，一边上京都大学的博士课程，主要进行金融理论的研究。

一提到“海外MBA”“商业顾问”这些名号，也许人们首先想到的都是外表风光、不用干苦力活儿的“精英群体”。当我还是商社里的一名上班族时，对于“MBA”和“商业顾问”也是抱有同样的印象。

确实，一直到2000年左右，大部分有海外MBA留学经历的日本人，都成了一流企业的优秀储备干部。

而在麦肯锡、波士顿咨询等大型的商业咨询公司里，也活跃着像大前研一、堀纮一[①]这样拥有全能知识的“领

① 堀纮一，哈佛大学MBA毕业，日本著名商业咨询顾问。

袖型”顾问大咖。

但是，当今时代已经发生了巨大的转变，拥有MBA学位或商业顾问等身份的人，已经不再是那样特殊且稀有了。

当然，要想考入美国顶级学府的研究生院仍然不是一件易事，但是，在美国“获得MBA学位”这件事本身，已经变得和“考驾照”一样普通了。不仅是美国，包括欧洲和亚洲的研究生院在内，考取MBA学位的人越来越多。在日本，国立和私立大学也都开设了各种形式的MBA课程。

商业咨询公司也一样变得多样化，除了那种帮助制定公司经营战略的业务，也开始出现了面向IT、医疗等细分行业的咨询公司。就拿麦肯锡来说，OB、OG（公司内部对“毕业生”的叫法）①也越来越多，其“富有神秘色彩、业内顶尖集团”的形象，早已是过去时了。公司正式雇用的商业顾问，也不全是具有天才头脑的家伙（当然，这样的顾问也还是存在的）。

所以，我最想说的是：即便不是天才，在这些拥有MBA学位或者就职于麦肯锡的毕业生群体中，也还是有不少人正活跃于商界，这的确是事实。麦肯锡日本分公司的在职员工数量已经达到了200。由此来看，其“毕业生”所占的比例也将达到令人吃惊的水平。创立DeNA的南场智子（日本实业家，哈佛大学硕士，DeNA创始人、董事长）、右肩受伤但仍创办了MIXI网站的朝仓祐介（日本企业家，东京大学毕业，斯坦福大学客

① 这是日本人自创的英语，即oldboy和oldgirl，指的是在该公司工作过的人。——译者注

座研究员，2017年创立了Signifiant有限公司）等人，他们虽然不是天才，但都是从麦肯锡公司走出来的优秀“毕业生”代表。

“聪明”的本质就是知识储备与逻辑能力

拥有MBA学位的人，或者从以麦肯锡公司为代表的咨询公司中走出来的人才，为何能在各种行业中都发挥出自己的强大实力？

如果用一个词概括，就是他们很“聪明”。

这里所说的“聪明”，其实指的就是“知识储备”与“逻辑能力”。

MBA的课程以及在咨询公司工作的经历，让他们能在基础知识之上，像堆雪人一样在短时间内吸收其他新领域的知识。此外，由于其具有强大的逻辑思考能力，对于自己从未涉及的行业中的那些让普通人束手无策的难题，他们都能勇敢地去面对，并提出合理的构思和解决方案。

总之，其从MBA课程或咨询公司中所学到的，就是这种对“知识”与“逻辑”进行打磨的方法。

那么，作为商务人士，如果想要提高自己的效率，是不是只要增加自己的知识储备，并且锻炼自己的逻辑思考能力就足够了呢？

本书中所提到的商业必备知识与逻辑能力，并不仅限于MBA课程或咨询公司。在这里，我还会说一说如何更有效地使用“大学入学考试复习参考书”的方法。

至于为何会提到“考试复习参考书”，我会在后文中进行详细的阐述。

本书所写的内容，都是我自己在麦肯锡这样高水准要求的商业场合中，为了“尽可能地实现高效率”，经不断试错而开发并实践过的方法。此外，书中还有很多经咨询顾问同事们尝试并确认过有效果的方法。

所以，大家务必读到最后并加以实践。

目　录

CONTENTS

01

麦肯锡人士，注重知识储备与逻辑训练

02

快速掌握知识的方法

目　录

CONTENTS

05

麦肯锡思维：把你的知识用起来

01

麦肯锡人士，注重知识储备与逻辑训练

为什么商务人士，无法通过学习提高能力？

让人变得聪明和伟大的，不是过往的经验，而是对未来的期待。

因为对未来有所期待的人，才能做到终身学习。

——乔治·萧伯纳（剧作家、评论家）

商务人士的“学习量”普遍不足

正如“前言”中所说的那样，即便是在全世界商务精英聚集的商学院里，也几乎都是“凡人”。

实际上，商学院的学生们也常常会半开玩笑地说“I’m not a rocket scientist”（意：我可不是能造火箭的天才科学家）。我个人觉得，仅从表面上来看，日本一般的商务人士与海外的MBA学生，并没有什么区别。

例如，无论是MBA的学生、商务咨询顾问，还是投资银行的职员，其所使用的分析工具都是Excel。而且，其在工作中所用的公式，也没有一般人难以理解的复杂计算或逻辑关系，说到底都是一些连小学生都能看懂的

“四则运算”而已。

但是，与海外的专家相比，日本的商务人士却有着明显的劣势。那就是“学习量”。在知识的输入与逻辑训练的“量”上，海外的专家与日本的商务人士之间，存在着显著的差距。

当你进入了商学院以后，就意味着你每天都要反复做以下的事情：一晚上看完100页的论文资料，与操着流利英语的同学进行小组讨论，并将结果汇总成一篇10页左右的报告。

这还不仅限于商学院中，在大多数的外资商业咨询公司中，也是同样的工作状态：大脑每天都要有反复输入和输出的内容。你加入了一个项目后，首先，要花几天的时间，阅读十几本相关的书籍；其次，基于所提出的假设，去拜访专家或客户，再将这些内容制作成几十页篇幅的幻灯片。这已然成了你每天都在重复的工作（基本动作）。

总之，不管是商学院，还是商业咨询公司，都要求你具有海量的知识储备，以及进一步深化讨论的逻辑思考能力。仅从工作的时间和压力上来看，这真像是黑心企业啊。

相比之下，日本的一般商务人士又是怎样的状态呢？当然，具体的情况肯定会因公司或个人而有所差异。但是我想，几乎没有人会像“MBA的学生”或者“商业顾问”那样，每天都要让大脑反复地进行大量的输入与输出。

特别是作为商业技能核心的“知识”与“逻辑”——包括具体的磨炼方

法——对大多数人来说，很少有机会能系统地对此进行学习。

精英教育变得高学历化

欧美与日本的商务人士在意识上的不同，主要与各自工作环境的差异有关。在日本，只要能入职大型企业，丰厚待遇就能有保障，但是在欧美等国家，如果你不能做到持续学习（而且，如果你不能保持良好的工作表现），马上就会面临被解雇的局面。

因此，一方面，无论是在MBA，还是在之后的就职企业中，商务人士为了追求更好的职位，都必须不断地增加自己的知识储备，打磨自己的逻辑思考能力。

但另一方面，像"在学校里所学的，都是毫无用处的东西"这样的想法，在日本仍占据着支配地位。

日本的毕业生在求职时，用人单位最多只是问一下学校的名字，对于其在学校学了些什么，往往并不是很重视。

我的一位海外友人就曾惊讶地表示："日本的财务省和银行，为什么不雇用经济学的专家，而是重用学法律的人？"这样的现象，其实归根结底还是因为日本的许多人事部门认为，学生时代所掌握的知识对一线工作来说并无用处。也就是说，日本并不是一个看重"学习经历"的学历社会，而是仅以大学入学考试时的分数来决定一切的"偏差型"社会。

我当初为了上商学院，而选择从日本的企业中辞职时，也有不少人对此表现得很冷淡：“就算取得了MBA学位又能如何？”

相反，全世界的精英教育都在变得高学历化。以我自己的切身感受来说，就是要“取得多个研究生学位，如果可以最好再获得Ph.D.（博士学位）”，这似乎正在成为商务精英的“标准化学历”。实际上，我读MBA时的很多同学，后来又去进修了博士课程。

与最多只有几年的应试教育（从初中算起，到高中为止学习的年数，有五六年的时间）相比，作为一个社会人的人生将会持续30年以上。因此，“成为社会人以后，能掌握什么样的知识和技能”将会给今后的人生带来极大的差异。

由于工作上的关系，我见过很多经营管理者以及各个领域的专家。但是，不管在日本还是在世界上的其他地方，我从未见过谁在成为社会人以后，放弃对“知识”与“逻辑”的努力钻研。

掌握本质上有益的训练方法

话又说回来，日本很多商务人士对自己的技能和经验，确实都抱有危机感。一项证据就是日本的书店中充斥着各种商业经管类的书籍。此外，专门面向社会人的研究生班或培训班，也越来越多。

日本的经济状况正变得越发严峻，持续的现状让人看不见前路。身处其中的人们，往往就会产生“至少要让自己无论在何种环境中都能生存下去”的意识。所以，我感觉越来越多的人，会去盲目地打磨所谓的“商业技能”。

但是，我想很多人也都清楚，仅靠“坚强的意识”未必能带来成果。虽然表面上掌握了各种各样的技能，但是“却不明白其在实践中，能起到多大的作用”，类似这样的情况也是很常见的。

帮助这些商务人士，告诉他们如何掌握真正有用的“知识”和“逻辑”。这样的问题意识，正是本书写作的出发点。

同时，除了阐述“商务人士应该掌握何种知识与技能”，本书也会就“利用何种方法来学习”“如何运用到实际工作中”等进行详细的说明。本书并非是要教你如何“临阵磨枪”提高自己的商业技能，而是教你掌握本质上有益的训练方法。

以往，商务人士要想学习技能，一般的做法就是去阅读经管或技术方面的书籍。而本书，则是通过具体的商务实例，来详细地解说自学的方法。从这个意义上来说，本书也算是一本全新的自学方法教程。

这些方法所用到的就是专门针对大学入学考试复习用的参考书（包括试题册在内，本书在后文中如无特别说明均统称为“参考书”）。也许看到这里，有的人会疑惑：“我明明要学习的是商业技能，为什么却让我看考试参考书？”因为，作为能帮助我们掌握商业必备技能的工具，考试参考书确实是最有效率的，这一点我非常确信。

掌握更多能用于商业的“知识”

聪明人是最好的百科全书。

——歌德（文学家）

增加知识，拓宽你的“视野”

要想变得聪明，最重要的就是“知识”。没有知识，你就无法对发生的事情或信息进行解读。那些看似与商业无关的、不重要的知识，往往在日后的工作中，会是特别有益的内容。从这个意义上来说，掌握知识——特别是与社会、商业有关的宏观知识——将是一个人具备聪明才智的必要条件。

因为我自己是一个雪茄爱好者，所以这里就用雪茄来举例。

假设，你走进一家雪茄店。那里摆放着许许多多的雪茄，从几百日元一支到几千日元一支的应有尽有。

那么，当你想要选择一款最适合自己的雪茄时，你该怎么办呢？

如果你对有关雪茄的知识一无所知，那么你肯定不知道该从何下手。即使IQ（智商）再高的人，也无法凭空想象出不同品质与味道之间的差异。虽然你看到了不同品牌的雪茄，但是它们之间到底有何区别，恐怕你也是不得而知。

因为你不具备相关的知识，所以在这样的情况下，你无法对事物做出评价或判断。

此外，虽然能假设“你走进了一家雪茄店”，但是你连雪茄店到底在哪儿可能都不知道。抑或，你去一家经常光顾的门店，但也许并不会注意到那里摆放了最高级的古巴雪茄。

总之，倘若没有相关的知识，就无法对现实物理空间中所发生的事情产生一定的认识。

反之，如果你对雪茄有着详细的知识储备，又会是怎样的情况呢?

你走进一家雪茄店，很自然地会关注到那里摆放的雪茄，而从其保管的状态，就能看出这家店的专业水平。

通过与服务员以及其他客人的交流，也许你又能进一步学到更多的雪茄知识。甚至通过一支小小的雪茄，也能让你对世界形势有所感知。例如，通过了解Cohiba（古巴最高级的雪茄品牌）的进货情况，你就能推测出美国与古巴之间的政治关系。如果两国间的关系有所改善，古巴雪茄就会更多地流向美国而不是日本。这样一来，在日本，特别是一些小地方，想买到古巴雪茄就变得很困难了。

也就是说，具备了相关的知识，你就能对很多事物有所认识，并且能给出准确的判断。不仅如此，你还能很容易地掌握更深层次的知识。

在商业场合，也是同样的道理。如果你对基本的经济、政治、哲学或心理学概念一无所知，你就不可能正确把握世界的动向，也无法对其进行解读。反之，如果你具备了相关的知识，即使你和其他商务人士一样看《日经新闻》，你也能有更深一层的理解，你的见识会更加开阔，并能用不同于他人的视角来进行说明。

掌握通识知识，抓住事物本质

为了进一步说明知识的重要性，这里我想再用《日经新闻》来举例子。

最近的《日经新闻》上常常登载有关“公司治理”的新闻。那么，当有人问你“能否正确解释一下何谓‘公司治理’”时，你能回答得上来吗？

虽然知道“公司治理”这个词，但是大多数人并不能清楚地对其进行解释。例如，公司治理是出于何种目的、在组织中具有何种意义等。

在这样似懂非懂的状态下，去和人探讨“应该增设外部董事”“应该请名人来担任外部董事”这样的议题，难免就会得出偏离主题的决策。

像这样，没有抓住本质，只是停留于表面讨论情况，却意外地十分常见。

其实，关于什么是“公司治理”这样的问题，在入学考试的参考书中，就有通俗易懂的定义。

考试参考书《易懂的政治、经济》中就有写道：“是为了维护企业的运营而设立的一种监管机制。”其紧接着还说明道，“为了监控和防范企业的经营管理者为了一己私利而做出有损股东利益或反社会的行为，越来越多的公司开始探讨有必要设立某种形式的监管机制。”

随着资本主义的发展，资本的所有权与经营权开始分离开来。其结果就是，资本家为了监控管理者，必须强化监管的力度。

从这个意义上来说，即使邀请名人来担任董事，也没有任何的实际意义。

由此可见，只需要具备大学入学考试程度的知识，就能在各种场合发表本质性的意见，让对方觉得“这个人所说的意见，值得听一听”。

原本，进行大学入学考试的目的，就是检测一个人是否掌握了学习大学课程，以及今后开展研究或社会生活所必需的知识而已。

当然，高中生中有的能进入经济学部，有的则能进入工学部。

所以，对这些高中生来说，大学入学考试的试题主要就是一些考查基本学识水平的问题，相当于说“只要掌握了这些最低限度的知识，就可以进入这所大学”。

总之，大学入学考试的出题范围，并非只限于在大学中要学习的各种知识，而是集中于“（大家都应该掌握的）通识知识”。

通过“逻辑”将知识串联起来

如果不能对现实中的事情进行解读，则说明你没有掌握真正的知识。

——佐藤优（作家、前外交官）

没有逻辑，就无法给出好“提案”

“空·雨·伞”是商业咨询顾问们常用的一种思维框架。

其主要引导人们按照以下的三个步骤来解决问题。

①抬头看见天空中有很多乌云，天色变暗

②估计几个小时后会下雨

③出门时最好带把雨伞

其中，第一步“看见天空中有很多乌云，天色变暗”这属于对客观事实的认识。

但是，更加重要的是后面的②和③。

第二步要得出“几个小时后会下雨”这样的看法，需要具备一定的知识，不过也可以通过①来进行逻辑上的推测。而之后的第三步“出门时最好带把雨伞”，则是在理解了②的含义之后所给出的“提案”。最终能给出③“最好带把雨伞”这样的建议，也体现出了一开始①和②进行“事实认识”与“推测”的价值。

将这①②③三个步骤串联起来的，就是背后的“逻辑”。换句话说，“逻辑就像黏着剂一样，将知识与知识组合起来，从而揭示出全新的概念”。

谁都不可能对未来做出完全准确的预测，但是拥有能将知识串联起来的“逻辑思考能力”，就可以做出高准确度的解读，并能给出接下来的行动方案。

针对现象，提出逻辑上的假设

“空·雨·伞”虽看似很简单，但对商务人士来说，却是非常有用的思考原则。

即便是那种诺贝尔奖级别的大发现，也是通过“空·雨·伞”这样的逻辑，将知识串联起来所得到的。

牛顿看见苹果从树上掉下，便推导出了万有引力定律。虽然这只是一个逸闻（坊间关于这个故事的真假仍存争议），但是像这样的世纪大发现，确实需要具备能串联起知识的逻辑思考能力才行。

像“苹果会从树上掉下”这样简单的知识，除了牛顿，大多数人也是清楚的。但是，牛顿的优势就在于他提出了“为什么苹果会掉下来”这样的疑问，然后将知识进行组合，从而提出了具有说服力的理论。

通过将①“苹果从树上掉下”与②“虽然苹果会掉下，但是月亮却不会掉下来”这两个再简单不过的知识组合起来，他产生了③“是不是因为地球与月亮之间互相存在着引力作用”这样的逻辑思考。如此一来，这便不再是孤立的知识，而是变成了一个世纪大发现。

对于眼前所发生的状况，运用自己所掌握的知识，提出各种逻辑上的假设。像这样将知识与逻辑组合起来，从而产生出颇具冲击力的新发现。而要想掌握这种“将知识与逻辑组合起来”的技能，大学入学考试科目中的“阅读理解题”与“小论文写作”练习才是最有效果的。

掌握高效的“时间分配法”

一个人的人生，完全取决于其分配时间的方式。

——阿诺德·本涅特（作家）

没有比“参考书”更有效的工具

要想学习知识与逻辑，没有比“大学入学考试的应试复习”更有效率的学习方法了。

例如，你想要学习经济学知识。但是“经济学”也分为很多种，有“经济史”，还有“宏观经济学”“微观经济学”，等等。一方面像《曼昆经济学原理》这样的标准教科书，足足有（两卷）1500页。要把这些内容都看一遍，也是很难做到的。

但另一方面，考试复习用的参考书如《政治、经济标准试题精讲》，仅通过40道练习题，就能让你对经济史、宏观经济学、微观经济学等分类有一个大致的了解。

虽然只有40道题目，但通过这本参考书，你就可以对经济的原理有一个大概的了解，从而理解全球经济的动向，并对自身的商业状况有一个重新的认识。

我当时所求学的芝加哥大学，在世界经济学研究领域首屈一指，它创立了所谓的“芝加哥学派”。但是，在芝加哥大学国际经济学的第一堂课上，讲授的却是“GDP的定义”。这是只要具备高中政治经济知识水平的人就能轻松理解的内容。越是经济学界的顶级院校，越是要从这样的基础知识开始教起。不管是在哪个领域，只有充分掌握了基础知识，才能开展下一层次的研究。

通过解决问题，将知识转变为“自己的东西”

使用大学入学考试复习参考书的好处，不仅仅是能高效率地“俯瞰”所有的知识点。其最重要的价值，则在于“参考书中会给出问题和答案”。

很多商务人士会阅读大量的经营管理或实用手册之类的书籍。那些书中所写的内容，本身是有益的。但是，仅仅通过书本上的学习，读者就真的能理解其内容，并将其转变为自己的东西吗？或者读者能没有偏差地进行理解，并掌握完全正确的知识吗？

好不容易获得的知识，如果不能进行正确的消化和记忆，那就毫无意义了。比较常见的情况是，即便自己想去理解，但实际上记住的却是错误的知识，或者自己没有充分掌握说服对方的知识。

要想真正意义上掌握知识和逻辑，就必须像下面这样去练习。先提出疑问：“作者在这里想表达什么？关于这一点，到底想说的是什么？为何能那样说？”然后进行逻辑思考，从而推导出正确的答案。

话虽如此，但是要做到自己一边提出问题，一边去阅读书籍，也并非是件容易的事情。不过，借助参考书就能让我们进行带有“反馈”的练习。对参考书中所出的题目进行思考，然后可以将思考的结果与书后给出的参考答案进行比对。重复这一过程，才能把知识变成我们“自己的东西”，牢牢记住并固化在头脑中。

借助考试参考书学习，“性价比”很高

我推荐大家使用考试参考书的另一大理由，就是其具有“很高的性价比”。

因为，这些参考书大多是以“高中生”为目标顾客，所以售价都很便宜。

面向大学生的专业书籍，一本可能就要几千日元，但考试参考书最贵也就2000日元。此外，在参加完考试后，这些书大都会被卖到二手书店，所以如果到旧书店去淘，只需几百日元就能买到手。

例如，我手头的这本现代文用语集《语言就是力量！》，书后的定价是

886日元。不到一千日元就能买到这本很实用的书。书中网罗了从“日常”的基本用语，到“反论”“悖论”等看似明白但又很难说清楚定义的概念。只要能看完这一本书，今后在阅读哲学或评论性文章时，你的理解程度将变得更加深入。

后文将介绍到的包含有大量伦理、政治、经济等信息的参考书，都可以在旧书店以几百日元的价格买到。

此外，Recruit公司①还推出了一款在线学习软件“StudySapuri”，每月只需不到1000日元的费用，就能观看由名师讲解的全科目课程。我经常在上班的路上使用这款软件，虽然都是顶级的教师，但是授课方式非常风趣，一点也不枯燥。

特别是以编写TOEIC考试辅导书闻名的关正生老师所开设的英文语法讲座，是我经常观看的课程。即使是像我这样学过英语的人，也能从中学到很多令人“耳目一新”的内容。轻松的授课氛围，在“读”和“说”的过程中，详细地讲解英文语法的作用。

同样的知识内容，如果是那种面向成人的TOEIC辅导课，费用会高出很多。顺便说一下，如果你打算去海外留学，那么仅考取MBA学位所需的费用，大概就要1000万日元。

大学入学考试的复习课程，包括所有科目的教材都算在内，花费也不过几万日元，学习时长也只需半年到一年。由此可见，其“性价比”真的是很

① 日本最大的一家人力资源服务公司。——译者注

高啊。

马上就要参加考试的学生，往往会很重视所谓的“性价比”（包括教师与教材）。因此在某种意义上来说，以“这类人”作为目标顾客且广受好评的复习参考书，往往就是很好的了。

大学培养的“知识”和“逻辑”

知识（第2章）

【政治、经济（2–1 ~ 2–2）】
- 正确阅读《日经新闻》的基础知识
- 商务场合的闲聊能力
- 不被他人意见所左右的新闻解读能力
- 对社会问题产生实感的连贯性知识

【伦理（2–3 ~ 2–4）】
- 理解商业潮流的经济思维
- 加深对人的理解的心理学
- 作为国际社会教养的宗教
- 梳理思路的框架思维

逻辑（第3章）

【阅读理解（3–1 ~ 3–3）】
- 准确理解他人主张的能力
- 说服他人的能力
- 深挖问题的“why”思考
- 引出结论的“so what”思考

【小论文（3–4 ~ 3–6）】
- 准确表达自我意见的能力
- 思考本质的能力
- 丰富的想象力与反驳的能力
- 轻松撰写文章的能力

这里，我再对考试参考书的优点，做一个总结。

①能够帮助你高效且全覆盖地学习知识

②通过解决问题，掌握推导正确答案的技能

③内容质量很高，但是售价又很便宜

我认为以上这三大优点，对“商务人士借助考试参考书进行学习”来说，也具有很大的价值。

从下一章的内容开始，我将按具体的科目进行说明。正如上图所示，下一章将讲解掌握“知识”的方法，而第3章将介绍掌握“逻辑思考能力”的方法。

专栏

优秀的人，从来没有放弃学习

我认为，“学历”与商业上表现出的“优秀程度”有着一定的关联。主要理由有以下两点。

第一点，作为“优秀者”的必备要素，必须在短时间内掌握新的知识。从这个意义上来说，“学历”就是一个重要的参照物。

例如，日本企业大多实行“轮岗”制度，每一次岗位的调整，都意味着又要学习新的知识。销售部的人调动到管理部以后，要花几周的时间去掌握管理的知识。在很短的时间内将这些必要的知识统统“输入”进大脑中。一般来说，拥有更高学历的人，在这方面会表现得更擅长一些。

第二点就是对“优秀者”来说，逻辑思考能力是必不可少的。

这个世界上的任何事物，都不可能只有唯一的“解释”。所有的“解释”都只是在相应的假设中成立而已。

在商业上，当我们提出假设以后，如何加快对其进行检验的过程？如何对其做出准确的把握？这都要求具备逻辑思考的能力。

实际上，“做阅读理解题”和“商业场合所要求的技能”二者所用到的“逻辑思维能力”，基本上是一致的。对此，后文中我还会进行详细的阐述。在大学的入学考试中取得过高分的高学历者，可以说也具备了相应的逻辑思考能力。

在这里我最想说的是，虽然“学历的高低”与表现出的“优秀程度”存在一定的关联，但并不意味着低学历的人，就不可能变得很优秀。

很多日本人，在十八九岁的年纪考进大学以后，几乎就不怎么再学习了。因此，即便你本身的学历很低，但是在走上社会以后，通过继续学习仍能奋起直追。我自己就既当过失业者，也当过留学生，所以相信我是没错的。而且，书中要介绍给大家的，就是帮助你奋起直追的学习方法。

02

快速掌握知识的方法

不懂“政治经济学”，如何成功？

民主制度是一种糟糕的制度，但迄今为止，

这是我们对政府形式所有尝试中发现的最好形式。

——温斯顿·丘吉尔（政治家）

为什么要学习“政治经济学”知识？

商务人士应该学习政治经济学知识的最大理由，就是“政治经济学方面的知识，能帮助我们更好地理解自己的生意”。

所谓“做生意”，就是指通过出售商品或服务来赚取利润。在一个公司中，无论是管理部门还是销售部门，大体上来说是处于“通过出售东西来获得利益”这样的经济活动流程之中的。

请再稍稍思考一下。

此前一直卖100万日元的商品，在下一年卖出了101万日元。那么，能不能说公司的利润就因此增加了呢？一般人都会认为“利润增加了1万日元”。但是，仅从这样一条信息中是得不出这个结论的。

假如，在此期间内货币发行量增加了，这就导致货币的价值下降。那么，我们就不能简单地认为“利润增加了”。

……说到这儿，又得暂停一下。

所谓“货币发行量”，到底是指什么？

你有没有对此进行过思考？

我个人感觉，平时在报纸和经济杂志上的文章中所看到的这些概念和术语，大多是我们无法准确理解的。

所谓“货币发行量”，就是指货币的供给数量，也就是在社会上流通的金钱的总额。日本银行印制日本银行券（货币），然后投放到市场中流通，以此来增加货币发行量。当社会上金钱的流通量增加时，就会给经济带来积极的影响。

但是，金钱的流通量增加后，势必造成货币的贬值。所以，增加货币发行量，会导致物价的上涨（引起“通货膨胀”）。因100日元自身价值相对下降，昨天还卖100日元的商品，现在可能就需要支付110日元才能购买到了。

这对个人和公司来说，都是非常基础且重要的知识。不过，令人意外的是，很多人并没有掌握这些最基本的经济知识。

除“货币发行量”以外，大多数人对于“汇率”“GDP”等概念，也不是十分了解。例如，“如何才能使GDP有所增长”“虽然知道宏观经济的动向与自己所在公司的业绩有关联性，但是具体是怎样的一种关系”“合同制公司与股份制公司的区别又是什么”等。

但是，要想更好地把握自己的生意状况，其实还是需要掌握一些“简单的经济知识”的。而且，这里的“简单的经济知识”所代表的水平也就相当于“大学入学考试的水平”而已。

只需要阅读考试参考书，就能对“货币发行量”“汇率”“GDP”“合同制公司与股份制公司”等定义有充分的了解。

了解政治经济学知识的3点好处

商务人士学习政治经济学方面的知识，具体来说有以下3点好处。

①能了解政治与经济的动向

②不被“表面的话语”所蒙骗

③能把对社会的理解“自我化”

首先来说说，①“能了解政治与经济的动向”。

很多商务人士都会看《日经新闻》这份报纸，但实际上很少有人能真正看懂。这种报纸在有限的版面上，刊登了许多以深奥的经济知识为前提的文章。

例如，“GDP”是在《日经新闻》中经常出现的术语。这是在MBA的授课中，要花很长时间来说明的一个深奥概念。我们来看下面的例子。

10～12月的GDP实现2.2%的年增长，时隔3个季度后重回增长的态势但增速缓慢

内阁政府于16日发布了2014年10～12月的国内生产总值（GDP）数据。去除物价变动的影响后，该季度的实际变化值与前期相比，增加了0.6%，相当于2.2%的年增长率。这是继去年4月提高消费税以来，时隔3个季度后首次迎来GDP的正增长，（中略）民间预测的中间数与前期相比，增加了0.9%，相当于3.8%的年增长率。国内消费需求的恢复与市场的预期相比仍显迟缓，这使经济的增长受到了抑制。

（摘自《日本经济新闻》2015年2月16日晨刊）

乍一看，能明白这篇新闻说的是“GDP数据虽然有所回升，但增速仍很缓慢”。那么，你又是否知道，“内需的恢复迟缓”与“GDP增速缓慢”二者之间是何关系？

看懂这篇文章的关键，就是下面要说的“GDP的定义”。

“国内生产总值（GDP）正如其字面意思那样，指的是这一年里，在日本国境内所产生的粗附加价值的总生产额，其中包括了在国内工作的外国人所产生的价值（所得），但是并不包括在海外工作的日本人所产生的价值

（所得）。”

这是大学入学考试参考书《易懂的政治经济学》中所给出的定义，所谓的“粗附加价值”，就是指用生产额减去原材料等中间投入的成本金额。

从这个定义来看，日本人在海外进行的生产活动和劳动所得，均不会纳入GDP的统计范畴。另外，在日本国境内从事的生产活动则会全部被统计进来，这其中也包括了外国人和外国企业的生产活动。该书中还提到，简单来说“国内的生产总额，与国内的消费总额是大致相同的”。

沿着这个思路，我们再重新读一遍之前《日经新闻》上的报道，就能了解到“由于国内的消费需求（内需）没有得到拉动，所以国内生产量下降，从而影响了GDP的增长”。这一因果关系的正确性姑且不论，至少这篇报道的内在逻辑关系是这样的。

从经济新闻中发现“商机”

像这样，当你明白了“国内消费需求能够拉动GDP”以后，我们就能进一步从中找出适合自己行业的商机。

例如，可以这样思考。

“因为‘GDP等于生产总额’，所以政府肯定要想方设法地提高生产力。为此，是要提高人均生产力还是增加人口总数？要提高人均生产力并不是一件易事。日本当前已经进入一个经济成熟型的社会，再想大幅地提高每个人的劳动生产效率，确实很有难度。因此，政府只能转而寻求增加出生人口的数量。那么，政府今后的目标应该就是‘鼓励女性进入社会就业’或‘增加未来作为生育者的儿童数量’。”

如果上述逻辑成立，那么，你应该很自然地就会想到，要开展以职业女性和育儿女性为对象的商业活动。

此外，如果我们将目光放在“GDP就是在国内产生的生产总额”上，又会产生不同的想法。

之前我们提到过“国内生产的总额，与国内消费的总额是大致相同的”，也就是说，要想实现GDP的大幅增长，增加游客（国内消费者）的数量也是一个有效的途径。

日本向来拥有“美食”和“美景”等旅游观光资源，一年中的各个季节都很受国外游客的青睐。游客会带来消费，因此，只要增加游客的数量，就能拉动内需，从而为GDP的增长做出贡献。

像这样，对GDP概念有了基本的理解，你就能明白为何政府要提出“观光立国”的方针了。

这么来看，可以推断之前提出的“观光立国”政策，不仅会继续维持下去，而且还会进一步巩固。那么，我们很自然地就会把目光转到与“旅游观光”有关的商业活动上。

“高中生水平的知识”，就可以与外国人交谈

虽然这稍稍偏离了话题，但我还想说商业场合的闲聊天，也是不可轻视的重要一环。

无论是对客户，还是对咨询顾问，都不可能做到“只和对方聊商业上的内容”。实际上，在交谈的过程中大部分时间是在闲聊，剩下的时间才聊商业上的事情。

总之，“闲聊的质量”也决定着对方是会对你产生信任感，还是不信任感。

如果是从事国际贸易的人，可能需要亲自去海外出差，抑或在日本接待国外来的客户。这种场合，肯定少不了要聊一聊商业之外的事情。因此，就需要了解如何实现“高质量的闲聊”。

在这种闲聊的场合，常会涉及的话题就是“政治”和“历史”。

如果是跟日本人聊天，可能话题都会集中在“体育运动”上。橄榄球世界杯期间，肯定聊的都是与橄榄球有关的内容。遇到喜欢棒球的人，那应该就会聊关于棒球的话题了。

但是，放眼世界来看，特别有人气的运动项目，不同的地区会有很大的差异。即使是橄榄球或棒球，也只是在极少一部分国家流行而已。总之，在与国外的商务人士交流时，体育运动并不能算一个共通的话题。

在这一点上，“政治”和“历史”却是每个国家的人都会聊的话题。倒不是说要将交谈变成枯燥乏味的政治交流。“日本执行的是这样的政治体制”“这种政治制度，会出现这样的问题”“这件事情是有其历史背景的”，这样的话，就已经能引起对方的兴趣了。

以我的经验来说，外国人往往都会对日本的政治感兴趣，所以好几次都会被问到有关“宪法第9条”[①]“天皇制”的问题。

由于外国人常常很关注政治和宗教，所以他们会让我就“天皇”的话题进行详细说明。

如果我表示“我不太了解政治”“关于天皇制了解的也不多”，对方难免会认为“你明明是日本人，却对此一无所知”“与这样的人做生意，真的靠谱吗”。当然，我们无须拥有像专家一样的详细知识，也没必要就这个话题滔滔不绝说个没完。只需要有“大学入学考试水平的政治经济学知识”就已经足够应付了。反过来也可以说，我们没有必要掌握比大学入学考试更详细的知识。

不被“表面的话语”所蒙骗

让我们回到之前的话题。学习政治经济学知识的第二个好处，就是“不

① 日本宪法的第九条是较为著名的一条，其主要内容是“放弃发动战争的权利”。这是在第二次世界大战后盟军占领时期写进宪法的。——译者注

会被‘表面的话语’所蒙骗”。

当我们在阅读时遇到不明白的术语，就要去查一查参考书。在不了解术语和知识背景的前提下，我们很容易盲目相信一些话语，从而让自身的判断出现失误。

我们在看报纸和电视时，经常会遇到“表面话语”。要养成及时查阅参考书加以确认的好习惯，这样，我们才能加深对各种新闻报道的理解程度。通过这样一种积累，我们将不再被“表面的话语”所蒙骗。

对社会问题，产生更加真实的理解

掌握政治经济学知识的第三个好处，就是能将对社会的理解“自我化”。

“社会”是一个很抽象的概念，但通过“自我化”的方式，能够让我们对其产生更加真实的理解。

各位读者，你对当前政治经济的现状感到满意吗？

恐怕回答“满意”的人寥寥无几。托马斯·皮凯蒂所写的那本篇幅多达700页的《21世纪的资本论》竟然成了畅销书。由此可见，很多人对于当前的政治现状——特别是经济政策——表现出了极度的不信任。

每次到了要选举的时候，都会听到“为了国民而施政”“重返政治的本质”这样的口号。反过来也可以说，多数当权者并不认为目前的政治状况就是其原本应有的样子。

从这个意义上来看，很多民众对此抱有不满，也就是理所当然的了。

原因就在于，政治经济的体制是一直处于进化过程中的。

政治经济学参考书对于我们了解政治经济学的发展历史，并思考今后政治经济的发展方向，都是很有帮助的。

在《易懂的政治经济学》一书的序言中，就有下面这样的阐述。

人类通过构建社会、互相帮助、协同合作的方式向前发展。但是与此同时，每个人都有各自的希望与梦想，并且非常想要实现它们。每个人的希望与梦想都不尽相同，所以在为实现自己的梦想而努力的过程中，难免就会对他人实现梦想的过程产生妨碍，这也是不争的事实。这就是诞生政治经济制度的主要原因，因为人类的历史充满了对立和抗争。不过我们也要看到，为了避免这种对立和抗争，尽可能地保障每个人的梦想与希望都能得到实现，人们正在努力构建一个政治经济制度。这些努力的结果，虽然仍不够完美，但都反映在当前的政治经济制度之中了。所以，请在了解这一点的前提下来学习“政治经济学”的知识。

“仍不够完美”这一点很重要。

当前的政治经济制度是在人类努力构建理想制度的过程中形成的，但现阶段仍是“不完美”的。

人们很容易会对政治经济学的本质产生误解，像“货币发行量”“GDP”

这样似懂非懂的政治经济术语，也常常会使人感到迷惑。

还有，人们往往会无视政治经济的本质，一味地对政治家或经济政策提出情绪化的批判。我想大家都有过这样的经历。

只有掌握了相关知识，我们才能抓住事物的本质，从而减少误解和非议。学习政治经济学方面的知识，使我们每个人都能更加准确地思考：为了把这个“不完美”的世界变得更好一些，自己真正能做些什么。

“写、读、听”，轻松记住经济术语

面对任何新生事物，我都能完全将其理解，

因为我掌握了最基本的知识。

——迈克尔·乔丹（芝加哥的英雄）

记住最重要的“20%”

那么，该如何记住这些经济术语？

要点有以下三个。

①在试题册里“写”上答案

②一口气“读”完参考书

③利用碎片时间“听”在线课程

接下来，就对其分别进行说明。

首先，关于①，大家听说过“二八定律”吗？

这是指在各个领域中都有的一种现象，即“整体数值的80%，被20%的部分所占有”。因为最早是由经济学家帕累托提出的，所以也被称作“帕累托定律”。例如，“某家百货商店80%的销售额，是由商店中20%的商品所贡献的”，这就是一个典型的“帕累托定律”。

其次，这条定律也同样适用于商务人士的学习。

不管是否要去应试或考取资格证书，作为商务人士，都应将“经济术语”和“经济理论”当作一项职业素养来加以掌握，但是，也没有必要把全部内容都记住。只要记得住参考书上20%的内容就足够了。即使再优秀的参考书，也需要我们投入大量的精力和时间，才能将其100%地记住。

那么，要如何筛选出该被记忆的“20%”的内容呢？

直接说吧，就是试题册中“被做成问题的内容”。

作为出题者肯定是认为“这个内容很重要”，所以才会就这部分专门出题的。

总之，要想高效率地学习重要的知识点，可以在阅读参考书之前，先把试题册里所出的问题都背熟。这是最佳的学习方式。

这时候，可以使用像《政治经济学标准试题精讲》这样题目数量较少的试题册，因为其中所涉及的问题，肯定都是重中之重的内容，所以我们的学习会更有效果。

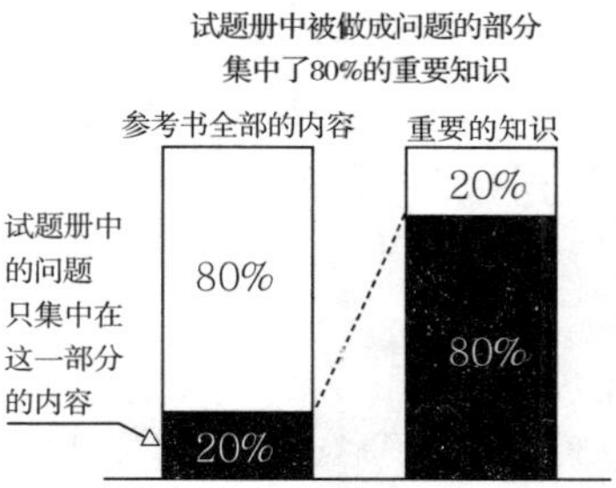

我们使用试题册不是为了"解答"问题。我在这里想推荐的方法是，先翻看后面的标准答案，将其用红色笔抄写到答题栏中，然后将整个试题册的内容背熟。

如果是填空题，也是一样先翻看标准答案，然后再抄写到空白栏中组成完整的句子。如果是选择题，就用荧光笔将正确的选项涂上，其他的选择则全部画上"×"。这样一来，就做出了一本"可以边看边理解的试题册"了。

建议大家最少将试题册读三遍。

读第一遍的时候，先用红笔将答案抄写上去，再用红色的荧光笔把正确的候选项涂上。读第二遍的时候，将重要的知识点抄写到笔记本上。当读第三遍的时候，则可以用红色的透明塑料片盖在书上，尝试靠自己的记忆去解题。

这种学习法，是我在上中学时为了备考而想出来的。直到后来，我又在有贺悠先生的那本"传说中的名著"《超级学霸的备考术》（鹿寨出版社。目前已绝版，旧书店要价几万日元）中，看到他也介绍了类似的做法，我才更加确信，这是一个很有效率的学习法。

用眼睛和耳朵“固化”知识

下面再来说一说“一口气‘读’完参考书”。

当我们通过试题册掌握了知识要点后，就可以开始阅读考试参考书了。因为我们已经很认真地看完了试题册，所以关键词应该都已经印在脑海里了。这时书上真正重要的内容，就会更容易理解了。

这里推荐大家阅读的，就是前文提到过的《易懂的政治经济学》一书。不同于一般的考试参考书，这一套由文英堂出版的“易懂系列”，大多是由大学教授执笔，所以其中的解析内容还是比较可靠的。而且，书中还加入了非常详细的索引，完全可以代替辞典。

对于参考书，也是同试题册一样，要反复阅读三遍，并将其内容记到头脑中。

最后，再说一下“利用碎片时间‘听’在线课程”。

我出门在外时，只要一有空闲时间就会看书。不过，当腾不出手或者感觉比较疲惫而不想看书时，会选择使用Recruit公司推出的“StudySapuri”在线授课服务来学习政治经济学知识。虽然是面向高中生的服务，但是任何人都可以登录使用。

其中，伊藤贺一老师所教授的课程，语言风趣幽默，让人一直听也不觉得乏味。除了政治经济学，他也同时担任了日本史和伦理学的讲师。听他的课，好处就是能让人学到这些不同科目的差异与共通点。此外，他还有工厂派遣劳动、在游乐园工作的独特经历。他在授课中能引用身边的商业案例，所以其所教内容的一大特点，就是非常具有实用性。

用伦理知识培养“商业思维”

社会发展的基本形态取决于每一个人，以及他的欲望和恐惧、他的激情与理性、他的善良与罪恶。

——艾瑞克·弗洛姆（哲学家、社会心理学家）

到底什么是人类思考的精华内容？

在思考“为什么商务人士也应学习伦理知识”之前，首先我想说一说“伦理是个什么样的科目”。

关于“伦理”与“道德”之间的区别，的确没有一个明确的定义。因此说起“伦理学”，往往会将其与小学时所学的“道德课”混淆。因此，本书将对二者的区别进行讨论。

一方面道德课就是教导人们“生而为人，要这样做才正确”“应该这样活着”等内容的课程。但另一方面，我感觉硬性地去要求人们“必须这样做”，也存在着灌输意识形态和价值观的危险性。所以，道德不能，也不应该被当作一门考试科目。

而伦理学则能让我们学习各种事物的本质，并将其化作我们的精神食粮。

虽然提到了“事物的本质”，但作为日本大学入学考试科目的“伦理学”，其主要涉及的还是哲学、人的心理、宗教等知识，可以说集合了迄今为止人类思考的精华内容。

内容涵盖的跨度，会从古希腊哲学与东洋思想、伊斯兰教、基督教、佛教等古代思想与宗教知识，到笛卡尔、斯宾诺莎等近代人的思想，再到霍布斯、洛克等人提出的“市民社会”政治思想。

关于这一点，可以参考《易懂的伦理》一书的前言。

（人）到底为了什么而生存？又该如何活着？这些都是我们在一直自我追问的问题。

大家（中略）应该也都在心中思考过：自己能做什么？为了什么而活着？解答这些问题的线索，其实就隐藏在伦理学知识中。而“伦理”就是前人与上述问题做斗争的历史，也是他们思想的结晶。

如果说，“道德”是对社会通识的一种规定，那么“伦理”则是为了促使人们主动地思考，而向其提供知识与各种观点。

学习伦理知识，具体来说就是学习以下两点。

①综合学习人类自诞生以来的智慧

②学习分析事物的方法

人类迄今为止一直都在思考“什么是人”“什么是自己”“何谓成年人”“何谓社会”“何谓国家”“何谓自由”等问题，这些都是关于这个世界各种根源性的话题。关于这些话题，了解以往的伟人们都是如何思考的，这就是我们学习伦理学的主要目的之一。

这些话题作为一般的见解来说，不仅很有意思，而且对商业场合也很有益处。特别是“经济思想”“心理学”“宗教”这三类，可以说是商务人士必备的知识了。

商业思维，在“职业规划”中的应用

例如，马克思所著的那本痛批资本主义的《资本论》，实际上对我们规划自己的职业生涯，也会很有帮助。

前些日子，我与一位从事猎头工作的人聊天。其间听到了他这样的观点。

“常常有人来找我商量‘提高收入’的方法。但是，我觉得如果你真的只是把‘提高收入’当作目标的话，那么，以工薪阶层的身份不停地跳槽换工作，收入依然还是会很有限的。真正把‘收入’放在第一位考量的话，那就应该辞职去做个投资家或创业者，这才是最恰当的做法。”

“工薪阶层的收入是很有限的”，这句话对不对暂且不论，这位猎头的想法倒是与马克思在《资本论》中的观点“相契合”。

马克思所著《资本论》的中心理论就是“剩余价值论”，其指出劳动者的工资，只是能满足劳动者及其家庭维持社会平均生活水平的必要费用而已。

也就是说，劳动者的工资，与其生产出的商品的价值并无关系，所以资本家往往会极力压低其工资水平。而支付给劳动者的工资与商品或服务的价值之间的差额，就是资本家获取的利润。因此，要想获得高收入，就应该让自己变成一个投资家或者创业当社长。

不仅是马克思主义，各种其他的思想也都能给我们理解现实中的经济、规划职业生涯带来很大的启示。

例如，19世纪源于哈佛大学的“实用主义”，就对美国的商业思想产生了极大的影响。

约翰·杜威提出的“工具主义”则是对“实用主义”的进一步发扬光大。他指出，为了解决生活中的问题而掌握的知识、概念、理论等，都可以视作是一种“工具”，其会在运用的过程中不断地演变发展。从这个意义上来说，商业技能也是一种“工具”，所以美国商务人士的基本思想就是“商业技能是用来解决问题的，而且其自身也必须随着问题的改变而不断进化”。

比如，某人从大企业跳槽到了一家创业公司。与先前工作的职场相比，无论是工作方式，还是周围所接触到的人，恐怕都会不太一样。这也会使他感到困惑。

这个时候，他也许会心生郁闷：“自己明明在大企业中都能干得很好，可为什么在这样的小企业里却处处碰壁？”但是，如果他的头脑中有“工具主义”意识，就会想到“之所以在这里工作不顺，是因为自己的知识和思维方式与这家公司格格不入。所以，要尝试着改变自己的想法”。

实际上，这种主动调整自己的思维方式，去适应新的职场和商业环境的做法，也被称为“反向学习”（Unlearning），这是职业生涯中非常重要的一项诀窍（tips）。

例如，从麦肯锡公司出来创业的南场智子在其所著的《笨拙的经营》一书中，讲述了自己从一名商业咨询顾问转变成经营管理者的心路历程，其中就特别提到了“反向学习”的重要性。

心理学，让我们能够冷静客观地分析

伦理学知识也能帮助我们不被情感所左右。

例如，弗洛伊德就说过，人们在面对各种各样的问题和压力时，为了与其相“适应”会表现出三种行为方式。

①合理的解决：通过自己的努力千方百计地去解决问题的方式

②近道反应：迁怒周围的人，通过发泄的行为来化解欲求不满的方式

③防御机制：为了暂时化解欲求不满带来的痛苦与艰辛，而做出下意识的行为

掌握了这些心理学知识，将有助于我们（或者他人）在感到焦躁的时候，让自己冷静下来并去理解对方。

作为日常的场景，请大家想象一下“上司在自己眼前表现得十分焦躁”时的样子。

这种时候，如果你掌握了上述这些知识，就会知道“现在上司遇到了难解的问题，千万不要成为他迁怒的对象。也就是不要让他有‘近道反应’的行为”，所以你会选择主动与其保持一定的距离。

抑或，在任何职场中都会有下面这样的人存在。“他们总是认为只有自己的经历和知识才是正确的，而他人的意见和经验都会被轻视”。如果你去和这样的人正面接触，肯定会生一肚子气。

但是，如果你掌握了上述这些知识，就可以冷静地分析出“这是被称为‘合理化’的防御机制行为，这种人往往固执地认为‘自己掌握的东西才是有价值的’，而‘自己不了解的内容则是毫无价值的’，这是让自己接受现状的一种方式”。

我们越是学习有关人的心理的知识，就越是能冷静且客观地对日常的人际关系进行分析。这也是我们通过学习伦理知识，所能获得的直接

成效。

顺便说一下，我一直对人的心理抱有疑问。比如，为什么人们常常不是炫耀自己，而是炫耀朋友或熟人的成功呢？

如果只是炫耀自己，倒是可以理解的。但是，就是有人会过分地炫耀自己的朋友或熟人——“我的一个朋友谁谁谁，自己创业大获成功，现在正过着理想中的生活”“我认识的一个熟人，他在他的同事中是最快做出成绩的。将来一定能当上社长”。而且，如果有人对他的朋友或熟人提出否定的看法，他真的会像是别人在说自己一样生气。

如果你之前了解过弗洛伊德有关“防御机制”的观点，你就会知道这种将自己与朋友“同等看待”的做法，只不过是为了应对欲求不满而表现出的一种自我防卫。把自己想象成内心所“憧憬的谁谁谁”，试图逃避现实社会。我们经常会看到，有的孩子将自己幻想成偶像或漫画中的主人公，其实那种人所做的是与之类似的行为。

根据伦理参考书记载，下表中这些都是帮助我们解读人的各种心理的知识。

“防御机制”的不同分类

（摘自《易懂的伦理》一书）

抑制	选择遗忘曾经不适或不快的记忆，通过不再回忆的方式，将其从自己的意识中排除出去。
合理化	用一些看似冠冕堂皇的理由，让自己接受现状。
同等看待	对他人所拥有的特性产生同化心理，以达到自我满足。

（续表）

投影	明明自己讨厌对方，却固执地认为是对方在讨厌自己，或者将自己未曾注意到的情感和欲求，投射在对方身上。
反向行为	为了抑制或隐藏自己的欲望，而做出与之相反的行为。
逃避	为了逃避现实而落入空想的世界，只想要逃避困难的状况。
退化	就像返老还童一样，退化到发育前的阶段。
替换	用替代品化解原本的欲求不满。（补偿） 此外，还有将失恋的痛苦转化成文学作品等，用更高价值的事物来代替一直被抑制的欲求，使其得到发泄。（升华）

伦理知识，阅读经典的“向导”

从伦理学中，除了人的心理，还能学到其他各种各样的知识。由于对很多难啃的大部头经典都进行了梳理和介绍，所以，伦理学的复习参考书也可以说是我们最佳的“阅读向导”。

例如，艾瑞克·弗洛姆（新弗洛伊德派）因写作了《逃离自由》《“爱”这件事》等书而闻名于世。《易懂的伦理（新装版）》这本复习参考书就介绍了其对大众社会的病根，以及出现“法西斯主义”“纳粹主义”的来龙去脉所进行的分析。

· 大众社会在走向成熟的过程中，使每个人都丧失了其主体性，变成了一种消极被动式的存在。

·每个人都很容易受到不稳定不合理的、情绪化暗示的影响。

·容易出现不关心政治的大众被权力精英所操纵和管理的情况，以及基于权威主义的领袖型领导人。

我认为，即使是进入了21世纪，这种状况仍然没有发生改变。现在，世界各国不断有强权型领导人上台，我们依然面临着出现法西斯政权的危险。

此外，这本参考书还以通俗易懂的方式，向我们介绍了很多大家的思想和著作，其中就包括以“世界不过是我的表象”这句话而闻名的叔本华、发表“女人不是天生的，而是后天形成的”的波伏娃、结构主义的创始人列维·斯特劳斯，以及克尔凯郭尔、海德格尔、萨特等存在主义者们的思想。

“宗教知识”，做全球化贸易的基本素养

宗教知识也是很重要的。特别是在与外国人做生意的时候，事先了解一些有关宗教的最低程度的知识，也是必不可少的。

人们常说，与日本人相比，外国人“与宗教之间的距离感”要更近。他们对于自己“是基督教徒”“是穆斯林”“是印度教徒”等有很强的意识，很多人会遵从其所信仰宗教的教义和戒律来生活。

虽说要完全理解各种深奥的教义，也是很难做到的，但在商业场合，还是应该掌握最低限度的“宗教知识”。

当要与生意伙伴一起吃饭的时候，千万不能将伊斯兰教徒带到出售猪肉的饭店去，也不能用牛肉来招待印度教的教徒。否则，可能一个错误之举，就会使这笔生意泡汤。

对我们日本人来说，这些信仰中的限制条件也许显得太过烦琐，但是在信徒们看来就是一件大事，会让他感到“自己的人格被侮辱”。甚至在有些场合，连询问对方“是吃猪肉还是吃蔬菜”都有可能会给其带来伤害。

剥离了“宗教”，我们就不可能真正了解现代社会

三大宗教与儒教给我们的生活带来了惊人的影响。常言道，“不看《圣经》和莎士比亚，就不可能了解西方社会”，不过我认为更准确地来说，应该是“不了解宗教，就不可能了解世界”。

2015年1月，法国的《查理周刊》杂志社发生了一起恐怖袭击事件，这是一场造成12人遇难的悲剧。

为什么《查理周刊》杂志社会成为恐怖分子的目标呢？主要的原因就是该杂志经常刊登以宗教为题材的讽刺漫画。

在部分宗教中，将宗教中的神圣偶像化就更是不被允许的。这一点，在伦理学或世界史的复习参考书中，肯定都会有记载。

提到悲剧，还有另一件几乎与《查理周刊》事件同时期发生的事，那就是日本记者后藤健二被恐怖组织杀害的事件。

当时，很多媒体的论调是批判后藤做事太莽撞，认为他是一个想出名的人物。但是，作家佐藤优对日本媒体的一知半解提出了指责，他指出后藤本人也是一名教徒："他难道不是受到了要在神的面前做一名正义之人的使命感的驱使吗？"

佐藤给出的解释正确与否暂且不论。如果我们对信仰的了解不够深入，的确会有对他人的行为和心理产生误读的可能。

有些日本人可以说是宗教盲。

当然，也不能因此就去强迫日本人一定要信仰某种宗教。但是，对那些基于宗教信仰生活的人，我们如果不了解他们重视的是什么，就会对这个世界的动向和人的心理产生误解，恐怕还会招惹不必要的麻烦。

至少，我们有必要了解清楚"什么样的宗教中，都有什么样的教义和戒律"。

通过辩证法，学习分析问题的方法

伦理学并不单单是让我们掌握知识的科目。更重要的是，我们还要从中学会分析问题的方法。

例如，辩证法。虽然这最早是由黑格尔提出的理论，但"辩证法"对于商业领域的创意和概念理解，也是很有帮助的。

简单来说，辩证法就是有一方持“A观点”（肯定的命题），而另一方则持“B观点”（否定的命题）。

但是接下来，我们要在二者的基础上提出一个“C观点”（综合性的命题），其是对AB双方的否定，但又不是全盘否定。这就是所谓的“辩证法”。

让我们以“便携式电脑”的消费市场来举例。

首先，当推出笔记本电脑时，接受的人会认为“这是很方便的产品”（肯定的命题）。

通过辩证法，将互相矛盾的概念（正与反）统一起来，
推导出更高层次的概念（综合）

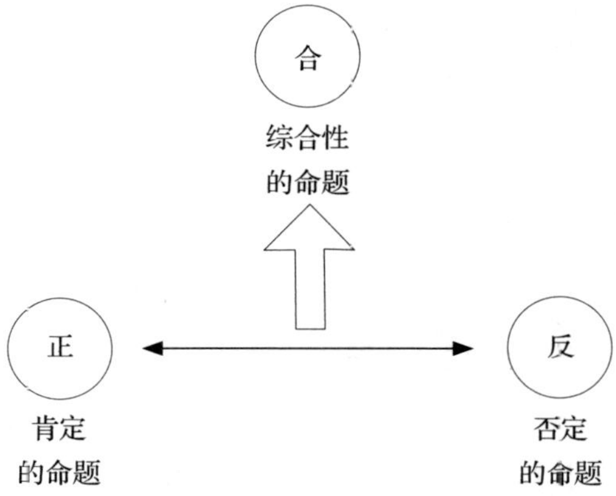

但是，没过多久又出现了iPad这样的平板电脑，这时就出现了不同的意见，“直接在屏幕上操作，省去了物理键盘，不但变得更轻薄，而且更加便捷”。

像这样，双方就构成了“正命题VS反命题”的关系，但围绕“便携式电脑”的争论还在继续。

这一次，又出现了不同意见，“有物理键盘的话打字会很方便，但是去掉后携带起来会更加便捷”（综合性的命题），所以微软才会开发出“Surface”电脑。虽然实际研发的过程未必有我们想的那么简单，但是这款产品的创意的确来自“辩证法”思想。

像这样，运用“辩证法”的思想，能够让我们更好地理解过去的潮流与现象。之前提到的马克思，他在撰写《资本论》的时候，也是反复阅读了黑格尔的著作，才学会了用“辩证法”的手法对经济进行分析。

除了“辩证法”，还有很多有助于我们分析事物的伦理思想。

例如，因“我思故我在”这句名言而广为人知的笛卡尔，还提出了“清楚明确的思维原则”，这也是我们今天做学问和分析问题的基本理念。

还有因“就是现在”而被大众熟知的林修君①也说过，人类的思考基本上就是靠“类比”“对比”和“因果”完成的。通俗易懂地说就是先“找出相同的部分”，然后“找出不同的部分”，最后思考“（导致出现相同与不同的）原因所在”。通过这种方式，人们才能对事物有深入的了解。林修君曾说他很爱看笛卡尔的《方法论》，我想他提出的这个看法应该也是受到了笛卡尔的影响。

① 林修是日本某补习学校的老师。在该校宣传广告中，林修在课上用夸张而坚定的表情说“何时开始，就是现在”的样子，给观众留下了深刻的印象。——译者注

这种“类比、对比、因果”也可以作为我们日常思考各种问题的思维框架。实际上，不管是伦理学史上重要的发现，还是商业上的案例，归根结底都是靠这种“类比、对比、因果”来实现的。我们要在学习伦理知识的过程中，掌握好这种思考方法。

高效率地提高“知识素养”

正因为是虚构的人物，所以我们才能从从未谋面的人那里获得帮助。

——尤瓦尔·赫拉利（历史学家）

思考人类存在的意义

之前说到“宗教”时我提到过，古往今来，有很多优秀的思想家带着问题意识去思考人类存在的意义。特别是像佛教、基督教、伊斯兰教等世界宗教的思想家，在过去的两千多年里能够抓住人心，并构建了能承受各方面反驳与迫害的理论架构。所以，我们没有理由不去学一学这些宗教和思想。

不过话又说回来，经济思想、心理学以及宗教等诸多门类的知识，构成了伦理学这一科目的基础，如果想要真正地学习，必须看好几本大部头的著作才行。而且，其中的内容都比较晦涩，并不是那么轻易就能弄懂的。例如，我一有机会就会读一读《佛教的思想》（角川文库，全部12卷）和

《基督教史》（平凡社，全部11卷）等书，但惭愧的是我至今也不敢说真的都看懂了。

因此，我还是强烈推荐大家通过大学入学考试的参考书来学习。只需阅读伦理学的参考书，就能将这些知识“高效”又“全面”地掌握住。

之前我已经介绍过了“易懂系列”参考书的优点，《易懂的伦理》也和该系列的其他书籍一样，是由大学教授执笔，所以我们能了解到最准确的知识。此外，它还带有内容索引与目录，当遇到某些不懂的术语时，我们可以很便捷地进行查找。

如果是试题册，我推荐大家选择那种“全国统一考试”的真题册。“全国统一考试”的题目与答案，除了教育行业的从业者编写外，还会通过报刊等媒体广为传播，因此其出题比较严谨正规，不会有思想上的偏差。

用“简单的问题”理解难懂的概念

在看“全国统一考试”的真题时，没必要让自己思考如何去解题，而是像之前一样，只需翻到标准答案即可。

这里再说一次具体的做法：先用红色的笔将标准答案抄写到填空题的空白栏中，如果是选择题，就用红色的荧光笔将正确的选项内容涂上。这样，我们就亲手制作出了一本可以当参考书来读的试题册。

即使再难懂的概念，也会以面向高中生的文章水平来进行总结概括，所以我们理解起来也不会有一点儿困难。

接下来，我再举一个实际的填空题例子。

康德曾尝试对人类的理性能力进行探讨，并想要弄明白人类认知能力的来源与界限。其在所著的［《纯粹理性批判》］一书中，提出“我们的认知并非全部都来自经验，因此可以说，我们的认知并非完全诞生自经验”。在本书中，他还提到如果没有［“感性”］所发挥的作用，那么我们对任何对象都不可能有所认知。客观捕捉对象的机制是先于“经验”而存在的（先验），否则我们的认知也将是不成立的。

（摘自2015年全国大学入学统一考试伦理学试卷。
原本［ ］的部分是要求填空的题目，这里则已将内容都补充完整。）

通过这段文字，我们也能对康德的批判哲学有大概的了解。而且，如果你看得够仔细，就会关注到像“纯粹理性批判”和“感性”这样的关键词。如果没有这些预备知识，想要完全读懂康德的著作，肯定会倍感挫败。其所著的《纯粹理性批判》由光文社古典新译文库出版，共计7册（每册大概400页）。除此之外，康德还写有《实践理性批判》《判断力批判》（其与《纯粹理性批判》合称“三大批判”）等著作。

如此晦涩难懂的思想与哲学，靠阅读原版书籍学习的话，肯定会让你产生“挫败感”。与其这样，不如先通过全国统一考试的试题来了解个大概，对于真的感兴趣的内容，再去找原版书籍或专业书籍来看，这也不失为一个比较现实的做法。

通过思想的对比，培养“商业分析的感觉”

就像之前所说的那样，先通过试题册掌握基本的知识要点，然后再开始看参考书。（《易懂的伦理学》）

在阅读参考书时务必留心的是，要带着“比较”的意识，也就是之前在介绍笛卡尔时所说的“对比”。“佛教与基督教究竟有何区别”，这种对比的意识，会让我们更容易理解书中的内容。不仅如此，它还能磨炼我们分析问题的感觉。

在商业咨询顾问的世界里，通常也把“分析”称作“明确事物间的区别”（不同之处）。

例如，在对自己公司进行分析时，思考“我们与竞争对手在哪方面已经做到了相同的程度，而竞争对手（或者我们公司）又在哪方面更具优势”，以此来明确双方的差别。

商业咨询顾问由于受过这种“发现区别”的专业训练，所以能很快发现一般人看不到的问题点，从而指出“贵公司的问题主要出在××这儿”。

要磨炼出这种“对比”的感觉，使用伦理学的参考书就是最合适的方法。

这个世界上所有的思想，都是有其界限的。伦理学不过就是“对本质性命题的各种假设的集合”而已。没有哪种想法是绝对正确的，所以才会一直存在“对立”的概念。

《易懂的伦理》这本书就是基于这种“概念对比”的意识写作的。

例如，在谈到“佛教与基督教的区别”时，有下面这样的内容。

基督教非常重视祈祷，而佛教则更看重自己对正道的觉悟与实践，这就是二者各自的特点。同时，在基督教中作为“造物主”的上帝与作为“被造者”的人类之间，存在不可跨越的分界线，二者是被绝对区分开的。但是在佛教中，人类只要有了觉悟就能化身“佛陀”（觉者）。这一点是两大宗教的最大区别。

（摘自《易懂的伦理》）

由此可知，即便同样是宗教，佛教与基督教之间在概念上也存在着巨大的差异。在日本，我曾见很多人错误地认为“释迦=神”，但其实“释迦”指的是传播自我觉悟内容与方法的“人”。

此外，参考书中还提到了人类都有可能成为“佛陀”（觉醒之人）。实际上，在佛教中并不存在像基督教等宗教中的“神”的概念。因此，也有宗教学者认为“佛教应该不属于宗教”。

另外，在基督教中上帝是“造物主”，而不是人类。因此，无论凡人通过怎样的修行，都不可能成为“神”。

从“相似的事物”中找出差异

我们还可以通过比较伟大的哲学家思想的不同之处，来训练自己的这种“对比”感觉。

所谓“学者”——不仅限于哲学家——就是要批判性或肯定性地继承和发展前人的思想。例如，苏格拉底的徒弟柏拉图和徒孙亚里士多德，他们的思想有相似的地方，但也有不同之处。

除了用《易懂的伦理》来做对比训练，还推荐大家看一看《全国统一考试伦理学知识之人物解读》。在这本书中，用两页的篇幅介绍某一位历史上的主要人物，不仅容易阅读，而且还归纳好了人物对比的内容。其中，关于柏拉图与亚里士多德，有以下的描述。

亚里士多德虽然是柏拉图的弟子，但是两人的性格却完全不一样。

柏拉图的性格是那种典型的外向型性格。其出于直觉对很多事物发表看法，构建起了一个华丽的世界观，但是却很少顾及对细节的验证。

相反，亚里士多德的性格则是勤奋实干的性格。他奠定了“观察→记录→整理→体系化”的科学基础，被称为“万学之祖”。

（摘自《全国统一考试伦理学知识之人物解读》）

柏拉图和亚里士多德都对“idea”一词发表过意见，仅从关键词上来看，可能会认为二人的思想是相似的。但是，当你读过上面这段关于二人对比的文章后，应该就能发现其思想上的差异了。

剥离认知上的“偏见”，抓住本质

伦理学这门科目，自始至终贯穿的一个主题就是“实事求是地对事物进行认知”。

我们在观察事物时，容易带有各种各样的“偏见”。反过来说，通过剥离这种偏见，我们才能发现新的商机，并回避亏损。

在西方，被称为英国唯物主义第一人的弗朗西斯·培根在他的“四假象说”理论中，是这样来描述偏见（假象）的。

存在四种假象，分别是“种族假象”“洞穴假象”“市场假象”“剧场假象”。这四种假象会使人对事物的认识发生偏差。

所谓的“种族假象”，就是指人类基于自己的本能而产生的偏见。

所谓的“洞穴假象”，就是指因性格、教育、习惯的不同而产生的偏见。

所谓的“市场假象”，就是指因谣言和谎话等语言产生的偏见。

所谓的“剧场假象”，就是指因盲目相信权威学说而产生的偏见。

培根关于人类的偏见提出的“四假象说”

		例
种族假象	由于人类的错觉等自身因素而产生的偏见	此前的销售额一直是上升的态势，今后肯定还会继续上升
洞穴假象	因性格、教育、习惯的不同而产生的偏见	吃动物内脏能让皮肤变好（实际上，是骨胶原在体内被分解成了氨基酸）
市场假象	因谣言、都市传说等不当而产生的偏见	iPhone手机就是被设计成用满两年就坏掉，让你不得不继续买新款
剧场假象	盲目相信权威学说而产生的偏见	东京大学的教授也说过，所以这样是正确的

怎么样？在商业场合中，你是否也曾被自己的好恶所影响，或者盲目相信某个权威所说的话，而做出过错误的判断呢？

看过伦理学的参考书后，你就会知道人类在认知上的偏见，无论经过多少年都不会改变。

古典名著中所写的内容会更加接近事物的本质，比起现在市面上的一些自我启蒙类的书籍来，会对我们更有帮助。因为，伦理学参考书中浓缩的都是有助于“抓住事物本质”的经典知识。

专　栏

概括能力的必要性

平时在生活中能言善辩、说话风趣幽默与善于在商业场合发言，二者根本是完全不同的两种技能。但是，这一点却经常被人误解。在商业咨询顾问的群体中，有很多人平时沉默寡言，但是主持会议和发言的能力却很出众。

这种差别是如何产生的？直截了当地说，就在于所谓的“概括能力”。

我想用下面这个例子来说明，具有不同概括能力的人在说话时到底有何差异。

· 概括能力差的人

“前一阵子休假去了趟冲绳。机场非常混乱，服务也跟不上。回来时的航班又因为台风的缘故延期了，白白浪费了一天的时间。最后，一直想玩的观光船也被迫取消，第二天再去玩同样的项目，还要另加费用。不过，好在宾馆有室内游泳池和餐厅，总算能在那里过个充实快乐的一天。”

· 概括能力强的人

“前几天去冲绳旅游住的那家××宾馆挺不错的。虽然因为台风打乱了行程，但是宾馆的服务还有设施都挺好的，所以还是让自己得到了放松。”

概括能力差的人在描述事情时，就像一个“倒置的瓶子”（罗列出很多的事实），而概括能力强的人则会首先阐述结论。

听概括能力差的人说话，会让人弄不清楚他到底是在抱怨，还是在夸宾馆，他很难让人抓住其表达的重点。而概括能力强的人所说的内容，则会让人产生相应的行为，“如果我去冲绳，我也想去住他说的那家宾馆”。

在商业场合中，这种概括能力就显得非常的重要，特别是你在和忙碌的对象交谈时。忙碌的人都想先听到结论。因为，他们都想立刻知道“他说的话对我是否有意义”。在冲绳旅游的这个例子中，概括能力强的人所说的内容，至少会让“去冲绳旅游的话最好住××宾馆”这个信息，一直驻留在我们的头脑中。

还有，所概括的内容也可以作为一个基点，进一步深入讨论其可能性。因为内容的要点已经明确了，所以后续可以很方便地展开讨论。

“××宾馆很不错”这个信息如果是明确的，那么接下来就能聊到“其提供哪些服务”“服务员的态度如何”“在东京是否也有能提供相同服务的宾馆”等话题。

反之，概括能力差的人由于所说内容要点非常模糊，所以即使对方想进一步展开话题，也徒劳无功。

要想锻炼这种“概括能力”，我推荐大家在日常的会议讨论或者撰写邮件等文件时，有意识地去概括自己想说的话（商业咨询顾问界将之称为

"综合法")。"总之，一言以蔽之就是××"，要这样来总结要点。

如果实在无法用一句话概括，就要在说完主要内容后，再补充说明原因或其他事实。只有这样，才能让会议的参与者或邮件的收件人对我们想说的话有更加深入的理解。

03

逻辑思考能力

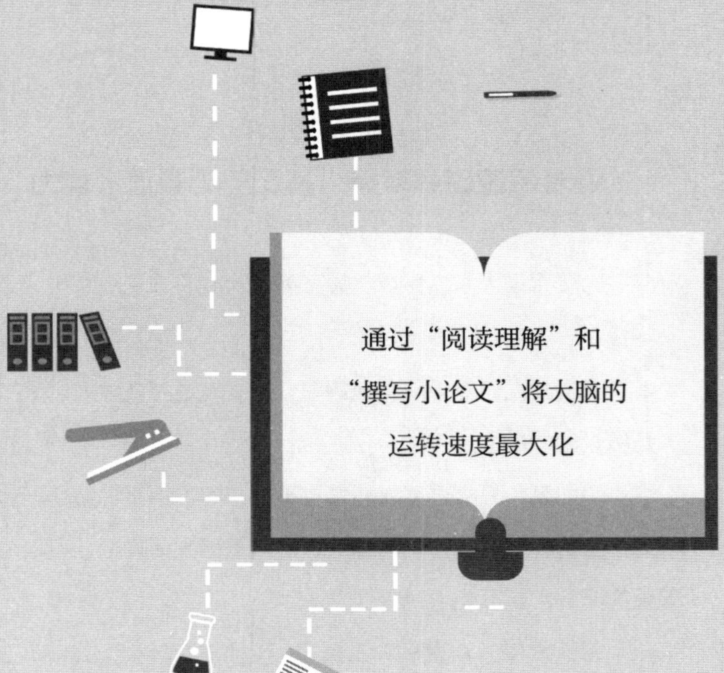

阅读理解能让自己变得“有逻辑”

反复做同一件事情，

会让烦冗的也变成有逻辑的。

——大森庄藏（哲学家）

通过阅读理解掌握“真正的逻辑思考能力”

为了帮助大家掌握逻辑思考能力，我将在这一章中介绍“阅读理解”学习法。

人们常说，对于阅读理解题“只要有语感就能做出来”，这种观点其实是错误的。

假如真的只靠语感就能答对题目，那岂不是说明出题者也是凭着语感来划定正确答案的吗？“语感”这东西是因人而异的，所以不可能以此作为评分的标准，更不能用到考试中。

所谓的“阅读理解”，就是一门要你客观地去理解文章主题以及作者思想的科目。也就是说，要答对阅读理解的题目，需要的并不是语感，而是“逻辑思考能力”。通过看阅读理解的复习参考书，不仅能让我们知道什么是“逻辑”，还能锻炼我们的“逻辑思考能力”。

那么，逻辑思考能力在商业场合又能带来什么帮助呢？

简单地说，通过阅读理解掌握了逻辑思考能力以后，就能对我们自己的主张，列出详尽的理由。

无论是在公司内还是在公司外，当被别人问到“为什么会那样认为”时，能够条理清晰地陈述理由的人，肯定更能获得对方的信任。相反，如果把“理由”总是表述得模棱两可，就会让对方变得很不安，觉得“这个人好像不靠谱”。

所以，重要的不是自己所主张内容的对错，而是自己能否就该主张给出明确的支撑理由。

例如，在职场上，领导就某个项目询问部下：“对于我的观点，你是怎么认为的？”结果对方就回答说：“我很赞成，这是一个非常好的观点。”但是，如果领导进一步地询问：“为什么觉得很好呢？”这时对方就完全说不出理由了。“没什么，就是觉得很好”“个人喜好的缘故，感觉没有什么问题”“因为社长也说很好”，面对这样的回答，领导能放心将工作交给他吗？

抑或，像下面这样的情况，又怎样呢？两名咨询顾问在就某个问题讨论解决对策。

<例1>

A：“（客户公司）这家公司的人员工资费用太多了。应该重新制定薪酬标准吧。”

B：“我觉得没有这个必要。”

A：“为什么？”

B：“客户公司的××社长这么说过。”

A：“××社长为什么会发表这样的意见呢？”

B：（沉默无语，无法回答上来。）

<例2>

A：“这家公司的人员工资费用看起来太多了。应该重新制定薪酬标准吧。”

B：“我认为不应该因此就下调工资水平。”

A：“为什么？”

B：“人员工资的费用确实在过去的五年里涨了不少，但这完全是为了与竞争对手××公司保持同一水平的结果。在此之前，就因为工资与其他竞争对手公司相差很大，发生过员工被竞争对手挖走的情况。因此，如果现在下调工资，有可能再次被竞争对手挖走员工，而且也有可能引起员工的不满。”

像<例1>这样，只是简单的一句“社长这么说过”，是毫无说服力的。

而在<例2>中，由于为自己头脑中所想的观点添加了充分的理由，所以说出来就显得很有说服力了。

甚至可以说，只要在逻辑上站得住脚，哪怕是“应该修改薪酬标准”这样的相反观点，也可以变得很有说服力。

<例3>

A：“这家公司的人员工资费用太多了。应该重新制定薪酬标准吧。”

B：“我认为应该实施下调工资的措施。”

A：“为什么？”

B：“这家公司的人员工资费用在过去五年里一直在上涨。即便是结合竞争对手工资的增长率和全日本工资的增长率来看，也是非常不正常的水平。还有，与销售额的增长相比，人员工资方面的开支也是太多了，目前的薪酬水平与××公司的实力并不相符。确实，下调工资会引起一部分员工的不满，但是总好过公司最终破产、员工流落街头的结局吧。只要能把公司的现状说清楚，一定能获得员工们的理解。”

<例2>与<例3>可以说是截然相反的两种意见，但是双方的理由都很有逻辑性，所以都远比<例1>更具有说服力。至少，能成为继续讨论的基础。

这里，还是要反复强调一下，重要的是要有“逻辑性的理由”。要思考“自己的判断和行为是否都具有明确的理由”“是否能将这种理由或动机有逻辑性地向对方说明清楚”。

在商业上，这种有条理地陈述理由的“逻辑思考能力”，是非常重要的。即使是在提交给上司的报告中，写上“我是这么认为的。理由如下……”这样的内容，也会让上司对你的印象大为改观。

准确理解“对方的观点”

通过学习阅读理解能获得的另一大能力，就是可以准确把握对方的观点与主张。

之所以能掌握这样的能力，就是因为阅读理解是一门“仅基于所给定的信息来判断作者想要表达内容”的科目。

极端些说，阅读理解是一门不需要知识储备的科目。问题的答案，都隐藏在所给出的文章中。反过来说，即使写出超出该范围的信息，也不可能得分。这就是阅读理解题的最大特点。

当题干中出现“日本经济变得景气起来”这样的命题时，你基于自己已有的知识，运用超出文章内容的信息，提出诸如“股价上涨，但是就业并没有恢复”“从人均实际产生的GDP来看，还很难说经济已经恢复”这样的反驳意见，并不是这道阅读理解题所需要的答案。

阅读理解需要你做的是，“在所给出的阅读文章中，解读作者所提出的主张，并思考其是如何进行逻辑性说明的”。要注意的是，不能在其中加入超出文章范围的内容，如自己的意见、知识等。

阅读理解的这个特点看似简单，实际处理起来却很难。

例如，在商业咨询顾问的工作中，有汽车公司的客户提出了“无法按期完成车辆的交货，希望能解决这一问题现状”的要求。然而，咨询顾问想的却是要把“将汽车的生产转移到海外”这样的知识告诉给客户，于是他滔滔不绝地说起了不同的观点：“通货膨胀会导致出口成本增高，应该将生产工厂搬迁至海外。”

可是，客户这边会怎么想？“可是，我说的并不是关于海外转移的话题啊”“即使照你说的去做，也是在浪费时间……”这种做法很明显就是由于“基于所给定的信息进行思考，找出解决问题的启示”这方面的意识和技能不足。

如果能仔细深入地倾听对方所说的内容，就能在其话语中找出“向供货商下了交货期很短的订单，但是很多供货商并未能及时交付零部件”“虽然为了控制成本而采用了需要很少人手的生产线，但生产效率反而变低了”这样的启示。

只要能正确解读这些“给定的信息”，就能发现解决问题的线索，如“也许应该重新思考订货流程”“也许需要对采购与生产的员工进行优化”。

正确地把握对方的主张，是商业场合需要具备的基本技能。若不能了解对方的主张，也就不可能解决问题。

提高掌控“事实”的能力

那些偏离了论点的问题，有些是以下情况。

客户公司的社长对咨询顾问提到“本公司女性管理者的数量很少”。有些顾问听到这样的内容后，马上就将其理解为“女性管理者很少=问题”。

确实，在当今时代人们听到“女性管理者很少”这样的话，便联想到“这是一个问题”“应该增加女性管理者的人数”，这也许是理所当然的事情。但是，社长想表达的只是“女性管理者很少”，他并没有说“我认为这是一个问题”。

如果我们将其随意理解成是“一个问题”并与之展开讨论，沟通就会出现分歧，会让对方觉得“他没有认真听我所说的话”，从而导致整个对话难以继续下去。

在这种时候，如果之前通过做阅读理解题训练过“在给定的信息范围内进行逻辑性思考”，就不会出现贸然做出判断的情况，对话也可以顺利地进行下去。

即使最后提出的仍然是“要任用女性管理者”这样的提案，但那也是在思考了“果然，社长还是觉得女性管理者太少是一个问题”之后，在准确把握并确认对方观点的基础上才提出的主张。

“把握事实”是商业咨询顾问的一项基本技能。要想训练自己正确认知事实的能力，多做阅读理解题是非常有帮助的方法。

深入挖掘问题的“why”思考

既然聊到了商业咨询顾问基本技能的话题，这里就来介绍一下，顾问们口头禅的“why”（为什么）和“so what”（所以呢）与阅读理解题之间的关系。

正如字面意思那样，“why”是询问理由的一种提问，而“so what”则是询问结论和结果的一种提问。

在商业第一线现场，多数时候需要针对某一个现象，追问具体且具有说服力的理由。因此，这种时候多采用的是“why”思考。

通过提问“why”与“so what”来使思考升级

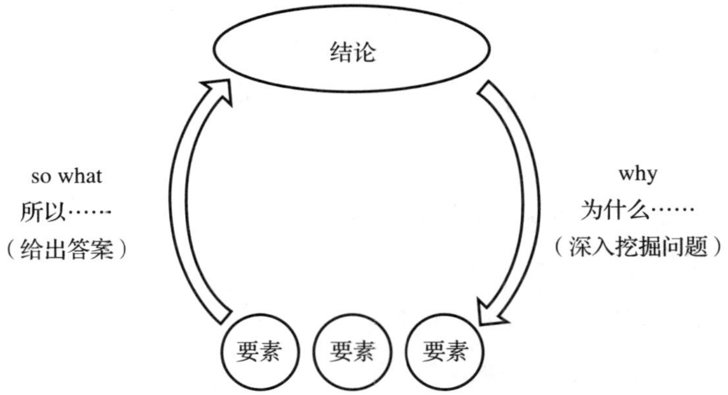

另外，当要对桌上摆出的各种要素进行讨论时，往往需要的是得出一种主张，如“结论应该是这样的”“因此，做出这样的判断才是妥当的”。所以，这种时候多采用的是“so what”思考。

接下来，就先从“why”思考开始具体说明。

例如，丰田公司提出过“反复询问5次‘为什么’”的著名分析方法。也就是说，要对问题现象反复思考5次“为什么”，以此来深入挖掘问题并找出本质性的解决对策。

又如，发生了“制造汽车的生产线停止运转”这样的事。我们可以在最开始就运用“why”思维，提问：“为什么生产线会停止运转？”假如，我们得到的答案是“负责人偶尔会离开自己的岗位，所以导致生产线停转”。

此时，不懂得在此基础上继续追问“why”的人，其所能想到的就是“制定严格的制度，禁止负责人擅离职守”或者“因为负责人有可能脱岗，所以要再雇一个人来实行轮班制”这样的解决对策。（顺便说一下，这种简单的解决问题方式，在咨询顾问群体中会用一个词来形容，叫作“硬币的背面”。意思是这么做就像翻转同一枚硬币一样，并不能解决任何的问题。）

乍一看，这好像是个很妥当的对策，但实际实施起来结果会如何呢?

实际上，对于在一线生产时所出现的问题，这样简单的解决对策几乎都无法带来彻底的改变。因此，我们还需要继续追问第二个“why”。

例如，我们可以试着抛出“为什么负责人会离开自己的岗位”这样的问题，从而有新的发现，“因为该负责人的专业知识很丰富，所以被叫到隔壁部门帮忙去了”。

接着，我们就能第三次询问“why”，提问：“为什么负责人会被叫去隔壁部门？”也许这样就能让事情的真相浮现出来，“隔壁部门还没有一个有效的操作指南，因此经常出现一些小问题，此时就会把拥有专业知识的负责人叫去帮忙解决问题”。

像这样，通过有效地对“生产线停转”这一现象反复提问“why”，让我们最终知道并不能采用“增添人手”这样的简单对策，而是需要“完善隔壁部门的操作流程”，这才是更加现实和彻底的解决之策。这是所有商务人士必备的一项技能。在咨询顾问界，还会将“5个why”作为一种思维框架来使用，运用到制造业之外的行业分析中。

推导出结论的“so what”思考

不同于“why”对问题的深入挖掘，“so what”则是从一个个具体事项中推导出结论的提问。

我想，任何人在查看报告或接听电话的时候，都会思考“对方到底想说什么”。换一种说法，这种内心的疑问就是“so what”。

例如，你的部下刚刚完成了一次兼职岗位的面试。

部下在报告里提到“A君很善于与人交流”“也非常有待客的能

力”“也许能受到本公司主要客户群（老年人）的欢迎”。可能，有的人会认为这是一份内容很细致的报告，但是这份报告却没有体现出关键的结论，看了让人不禁想问“所以呢”“你所下的结论又是什么呢”。

既然通过面试环节获取到了若干信息，那么我们就应该在此基础上得出“因此，我认为应该录用他”这样的结论，这才是该部下最应该传递的意见。像这样，从各种观点中推导出结论的思维，就是“so what”。

不具备“so what”思维的人，只能给出各种零散的信息，而无法将“自己想说的内容”准确地传递给对方，任何时候都无法胜任那些需要进行自我判断的主动性工作。这样的人，也就无法被称为优秀的商务人士。

“商业技能”与“阅读理解”之间的共通点

其实，阅读理解中所出的问题和商业场合一样，主要由“why”和“so what”这两种提问构成。

例如，2015年东京大学入学考试阅读理解题第一大题，就是从池上哲司所写的《陪伴——衰老与看护的伦理学》一书中，选用了一篇题为“何谓自我”的高度抽象的文章。这里我将其中的词汇问题去除掉，仅保留“为什么能这么说呢”“那一点指的是什么”这两个题型。也就是所谓的“why”

和“so what”。

（一）文中提到“把这种观点当作出发点，将会是非常错误的”，请问作者为什么能这么说呢？并说明理由。

（二）文中提到“对于这项运动，还无法做到有意识地进行完全的控制”，请问作者为什么能这么说呢？并说明理由。

（三）文中提到“这种能被意识到的自我，并非是成长中的自我，而是指成长过程中所留下的脚印”，请问作者在这里具体指的是什么呢？并说明理由。

（四）文中提到“沿着残留的脚印一路走来的人们，才能让人领悟到其腿脚的灵活性”，请问作者在这里具体指的是什么呢？并说明理由。

（五）“这种面对被隐藏的、可能性的自我的方式，也可以说是面向‘虚无’的一种自我方向性”，请问作者在这里具体指的是什么呢？请在本文主题的基础上，撰写一段100至120字的说明。

［摘自2015年度东京大学入学考试语文（文科）试卷］

除了东京大学所出的题目，全国统一考试的试卷和私立大学的试卷也都有相同的题型。

总之，阅读理解所需的解题能力，同商业场合要求的why与so what技能非常相似。

而且，看完文章后，对于“作者为什么能那样说”“那一点指的是什么”等问题无法回答上来的人，在实际的商业场合也会遇到相同的问题，这就会让他人感觉“这家伙不靠谱”“他说的话毫无说服力”。

因此，我认为所有的商务人士，都应该通过学习大学入学考试的阅读理解题，来提高自己的逻辑思考能力。听我这么一说，是不是已经激起你学习阅读理解的兴趣了？接下来，我就来介绍阅读理解学习的具体方法。

磨炼表达能力："这一点指的是什么"

（阅读理解）能用来强化所有科目必需的语言理解能力、逻辑思考能力以及论述能力。

——出口汪（补习学校教师）

这一点指的是什么？

当你决定了"要好好学习阅读理解"后，走进书店你还是会发现很难买到最适合的试题册。对阅读理解试题册的选择，直接决定了学习的效果，这么说可是一点儿也不过分。

特别是一些论述题目的答案与解说，质量往往参差不齐，有的试题册读者即使读了其中的解说内容，也还是不知道为什么能推导出这个答案来。

因此，作为购买试题册的候选项之一，我推荐大家使用全国统一考试的历年真题册。因为，每年全国统一考试的标准答案都是要通过报纸等媒体对外发布的，所以其给出的答案要求做到毫无争议。

选购时的另一个候选项，就是那种带有逻辑性解说的试题册。我自己实际使用的，就是由补习学校的讲师出口汪和田村秀行等人所著的试题册，其中的解说内容非常有条理性而且很容易懂。还有后文将会介绍到的吉冈友治的著作，也推荐大家使用，虽然它不是专门针对大学入学考试所写的。

“这一点指的是什么”到底指的是什么？

在阅读理解考试中，就如前文提到的东京大学的入学考试一样，经常会出的题型就是“这一点指的是什么？并说明理由”，那么，这样的问题到底是要考我们什么呢？

如果是英语文章那还情有可原，但是以我们的母语日语写作的文章，我们在读了以后会感觉“好像是看懂了”，但是一被问到“这一点指的是什么”时，大脑往往就像是一团浆糊了。仔细想来，这还真是让人感到不可思议啊。

“这一点指的是什么”这样提问的目的，通常是要我们将具体的文章内容抽象化，或者将抽象的文章内容具体化。

也就是说，对于乍一看写得非常具体的文章，我们需要从中高度抽象地提炼出其要旨，而对于很抽象的文章，则要给出具体的说明和解读。

经过梳理，我们可以知道“这一点指的是什么”这样的提问，一般就是要求我们做到以下两点中的一个。

①将具体的内容抽象化

②将抽象的内容具体化

让我们来看一个例子。这是2010年的全国大学入学统一考试真题。它所给定的阅读材料是经济学家岩井克人的文章。

威尼斯商人——可以说是人类历史自“诺亚方舟”以来，就一直存在着的商业资本主义的代表者。他们通过航海手段远赴大洋彼岸的中国、印度、波斯等地，在那里用低廉的价格购买绢布、胡椒、地毯等商品，然后运回欧洲高价贩卖。遥远的产地与欧洲之间存在的价格差，就被他们变成巨大的利润留在了手中。也就是说，威尼斯商人身上所体现的商业资本主义，其获取利润的方法主要是通过两国因地理位置而产生的价格差这一媒介。因此，可以说利润源于差异。

但是，在经济学这一学科中，对威尼斯商人却采取了一种抹杀的态度。

在任何一个国家中，年复一年的劳动，才是提供满足每年生活消费的必需品和物资的基础。这些必需品和物资，都是国民劳动的直接产物，或者是为了交换而从其他国进口的物品。

在《国富论》的开篇中亚当·斯密就说过，要扩大一国之财富，必然要将在与外国贸易中取得的利润以货币的形式积蓄起来。这可以被认为是对重商主义者的挑战书。亚当·斯密认为，一国之财富的真正缔造者，不应该是那些借助地理和价格差赚取利润的商业资本活动，而是蓬勃兴起的产业资本主义，即那些挥汗劳动的人们。因此，在经济学中将这种言论称为“人本主义宣言”，从那之后，经济学就是“以人为本”展开研究的。

（摘自岩井克人《资本主义与“人”》。
2010年全国大学入学统一考试语文试卷）

文章后面的题目，就是对文中画线语句的理解——文中提到的“在经济学这一学科中，对威尼斯商人却采取了一种抹杀的态度”，请问其指的是什么?

首先应该思考的是，画线部分的这句话所使用的到底是“抽象的语言”还是“具体的语言”。

“经济学”这个名词，自然是抽象的概念。所以当听到“经济学”时，每个人头脑中浮现出的内容都是不一样的。

另外，“威尼斯商人”则是一个具体化的固有名词。

其次，我们还要思考能否将文章中的抽象语言替换成具体的语言，或者将具体的语言替换成抽象的语言。

关于“经济学”在文章的后半段提到：

“亚当·斯密认为，一国之财富的真正缔造者，（中略）是那些挥汗劳动的人们”和“经济学就是‘以人为本’展开研究的”这两点。

因此可以说，作为经济学鼻祖的亚当·斯密在“经济学”中，将劳动人民定义为“创造财富的源泉”。

那么，关于“威尼斯商人”又是怎样定义的呢？由于这本身就是一个具体化的用语，那么我们可以在文章中寻找其对应的（抽象化的）概念。

在文章的一开头，就提到了威尼斯商人是“商业资本主义的代表者”，继而又对商业资本主义给出了定义，即“主要是通过两国因地理位置而产生的价格差这一媒介创造利润的方法”。

所以，我们能明白作者想要表达的意思是“抹杀威尼斯商人”就意味着“是对这种通过两国因地理位置而产生的价格差这一媒介创造利润的方法（其等于商业资本主义）的一种否定”。

像这样，只有通过将关键词具体化、抽象化的方式，我们才能将各个关键词运用到对“在经济学这一学科中，对威尼斯商人却采取了一种抹杀的态度”这句话的理解中。

“在经济学这一学科中，不再认为利润源于差异（这等于‘抹杀威尼斯商人’的抽象化描述），而是开始将人类的劳动摆在了创造财富的中心位置（‘经济学’概念的具体化描述）。”

通过“在具体与抽象之间反复”提高工作的质量

这种具体化和抽象化的技能，在商业场合中也是很有益处的。

大多数日本人很喜欢进行具体的讨论，而对抽象的讨论显得很不擅长。（这一点，在电视台的Wide Show和其他评论性节目的现场辩论中表现得淋滴尽致。）但是，如果能掌握“具体→抽象”“抽象→具体”这样自由反复的能力，那么在商业场合你将会有非常大的优势。

例如，你的工作是负责产品的发货环节。

有一天，上司对你下达了很具体的指示：“为了不耽误给客户交货，这次不要选择船运，而要使用航空运输来发货。”这时，作为产品发货的负责人，按照上级的指示选择用航空运输来发货，事后也能得到一般的工作评价。不过，这也只能说是采用具体的方法来应对具体的指示而已。

此时，能够进行抽象思考的人，则会将其进一步地抽象化，开始思考“为什么必须用航空运输来发货”，从而将目光放到“无法按期交货”这一“瓶颈”上（抽象的思考）。“实际上，与客户商定的交货日期非常紧张，所以每次都会发生延迟交货的情况”。也许这样就能想出很多不同的解决对策，如“有必要和客户进行一次约谈，商量是否能延长交货期”“虽然生产环节很早以前就完成了，但是生产出来后一直摆放在仓库里。有必要强化生产线与库存这两个环节的沟通，以实现按期交货”。

像这样，虽然上司提出的是具体的想法，但是我们可以从更高的立场来看问题，当工作的质量提高后，自然也会获得更高的评价。

此外，还可以反过来，对上司或同事太过抽象的想法，进行具体化的思考。让人困惑的一个场景，就是上司给出了非常模糊的指示：“你去处理一下那个工作。”但上级往往没有给出具体的要求。这种时候，我们有必要去确认“那个工作”到底指的是什么，“处理一下”又是指要做到何种程度，需要我们进行什么样的思考，进行到何时为止。

在麦肯锡公司流传着这样一句话，“优秀的咨询顾问都是磨人精，会向上司多次询问有关工作的内容”。在工作中，面对像“尽快地完成”这样太过抽象的指示，必须经过多次的沟通、确认，将其落实成具体的内容，如“必须由谁在何时之前，完成什么内容的工作”。

这样的确认过程，也许在最开始会让上司感觉厌烦，但如果不先对工作有个明确的了解就开工，不仅工作的质量会降低，而且最终得到的也是与上司的预期相去甚远的结果，糟糕的话还可能需要全部返工。

经营管理者都在读“经典著作”

这里，我想稍稍偏离一下抽象和具体的话题。

一般来说，经营管理者们都很爱读经典著作。当你去询问这些经营者最爱看的书籍时，东方的就是《论语》《孙子兵法》，西方的就是马基雅维利的《君主论》、马克思·韦伯的《新教伦理与资本主义精神》等经典著作。

为什么这些写作于千百年前的经典著作，会受到经营者们的追捧呢？我认为原因在于这些经典都是经受了时间洗礼的真理（或者说与之接近的内容），而且文章内容的抽象程度都很高。

不同水平和状态的读者，在阅读这种抽象度很高的文章时，能从其所蕴含的信息中得出不一样的启示。

例如，《孙子兵法》中提到了“兵者，国之大事”。这里的“兵”按照字面去理解的话，就有“士兵”和“国防”的意思（参考伊丹敬之所著《孙子兵法中的经营思想》一书）。如果是站在经营管理者的视角来看，就能有各种不同的解读。

对于经营者来说，“士兵”也许就是指自己公司的员工，而“国防”也许就是指“国家经济”。此外，也可以把这句话理解为有关“自己公司”以及“公司所在地区”的经营战略。那么，对于这家公司来说，这句话也许指的就是事关生死存亡的技术或服务。

在商业场合，每天都会出现预想不到的或毫无先例的事情，而作为经营管理者，必须以最终责任人的身份去应对公司所出现的各种问题。

为了应对所有的问题，与其事先将各种解决问题的具体案例记在脑中，还不如锻炼自己掌握更强的抽象问题应对能力，这样才会更有效果。因此，经营者们才会更爱读经典著作，将这些经典的抽象原理掌握了以后，就能将其运用到各种具体的案例中去，从而加深自己的思考。

这种灵活应对预想不到的事态的能力，在当今时代，可以说不仅是经营管理者，也是所有商务人士必备的一项能力。所以，大家有时间务必读一读这些内容非常抽象的经典著作。

强化对因果关系的理解：“作者为什么这么说”

最重要的是不要停止提问。

好奇心的存在，自有它的道理。

——阿尔伯特·爱因斯坦（科学家）

发现观点背后的“逻辑”

同上一节的“这一点指的是什么”一样，我们在阅读理解的试卷上，还会经常见到另一种题型，那就是在所给出的文章中，选定一部分内容（特别是关于作者的主张的内容）在一旁画上线，然后问“作者为什么这么说”。

在商业场合其实也是一样的，我们如果不能抓住对方主张背后的逻辑关系，那么肯定也无法对其提出的主张给出妥当的判断。从这个意义上来说，要理解和判断文章内容或对方所说的话，重要的不是其提出的主张本身，而是该主张背后所隐藏的逻辑。

通过练习阅读理解中“作者为什么这么说”的题型，就能锻炼我们发现逻辑关系的能力。

提高对知识和经验的“应用能力”

2002年东京大学入学考试的阅读理解题，选用的是哈佛大学商学院教授克莱顿·克里斯坦森所写的《创新者的窘境》一书中的部分内容。复习参考书《从东京大学入学考试题中学逻辑》也引用了这道题。

《创新者的窘境》作为商业经管类书籍，是一本非常畅销的书，我想各位读者也都应该看过。

试题所摘录的是书中的一个案例：美国礼来制药公司研发出了一种纯度很高的胰岛素，但是并没有在市场上收获预期的销量，而另一家小创业公司所推出的胰岛素产品，尽管售价很高，却卖得非常好。

温德米尔学会提出过一个名为“购买阶层”的产品进化模型。在这个模型中，产品一般会经历“功能、可靠性、便利性、价格”这四个循环阶段。（中略）

当有多个产品能充分满足市场对“功能”方面的需求时，顾客就不再会基于“功能”来选购产品，而是转向基于“可靠性”来挑选产品或厂商。（中略）

当有多个厂商改良了自己的产品，达到市场所要求的“可靠性”时，竞争的焦点就会转移到“便利性”上。顾客会从中挑选出最容易使用的产品，以及最方便购买到产品的厂商。（中略）

促使购买阶层从“某个阶段”转移到“另一个阶段”的主要原因，就是性能供给的过剩。（中略）

礼来制药公司推出了一款名为“优泌林”的重组人胰岛素。它不仅和人胰岛素拥有相同的分子结构，而且纯度也非常高。因此，售价要比从动物体中提取的胰岛素贵25%。这也是利用生物科技制造的、首款可用于人体的商业产品。

但是，对于这项技术上的奇迹，市场表现出的反应却很冷淡。其高于动物制剂的售价也很难维持下去，“优泌林”的销售业绩也不如预期。（中略）

另外，丹麦的一家规模非常小的诺和诺德制药公司，推出了一款能让人体轻松摄取胰岛素的产品——胰岛素笔。（中略）

同礼来制药公司难以维持“优泌林”的高售价相比，诺和诺德制药公司的这款使用便捷的胰岛素笔，却能很轻松地维持比每单位胰岛素高出30%的溢价。

●提问

请结合本文的中心思想，写一篇150字以内的小短文，说明“市场反应冷淡”的理由。

文章中画线的部分“市场表现出的反应却很冷淡”，的确是客观的事实。

平时在阅读时，关于这一部分的内容可能就会一瞥而过。但是，现在这却变成了东京大学的考试题目。关于“市场反应冷淡的礼来制药公司的‘优泌林’产品”与“能保持高售价的诺和诺德制药公司的‘胰岛素笔’产品”，如果你不能以抽象化的方式，准确地找出二者之间的区别，那么这道题肯定就无法回答。

从给出的文章内容来看，礼来制药公司的“优泌林”产品，其特点如下。

· 纯度非常高，拥有与人胰岛素相同的分子结构，因此可靠性也很高

· 其定价要比从动物体内提取出的胰岛素贵25%（但是，要维持这一高售价却很艰难）

而诺和诺德制药公司推出的“胰岛素笔”产品，其特点则有以下几点。

· 能让人体轻松地摄取胰岛素

· 能维持贵出30%的溢价

（“价格溢价”就是指同其他产品相比，顾客对于该产品所能接受的价格高出的程度。）

“优泌林”与“胰岛素笔”二者有何区别?

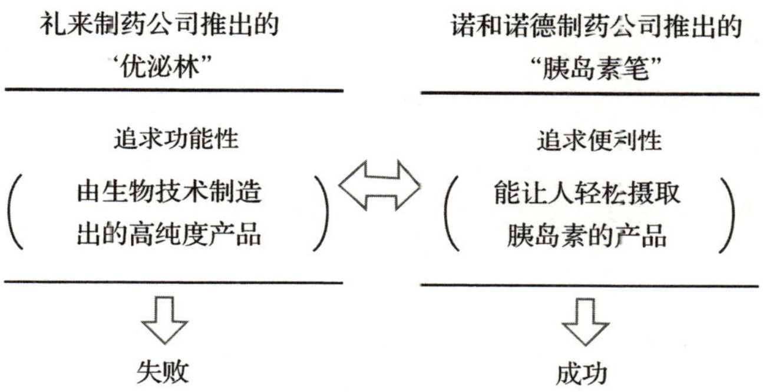

也就是说，礼来制药公司的“优泌林”追求的是可靠性，但这并不是市场所需求的。而诺和诺德制药公司推出的“胰岛素笔”追求的则是便利性，市场对这方面的需求非常大。

把这些分析融入对“为何市场反应冷淡”的回答中，就会变成下面这样的答案。（实际试卷中所引用的文章内容还要更长一些，这里我们仅依照先前所摘录的内容进行解答。）

礼来制药公司希望通过提高产品的纯度和可靠性的方式来获得更高的溢价。但是，由于市场上胰岛素的性能供给已经呈过剩的状态，所以，顾客转而以“便利性”作为选购时的标准。结果就导致了一味追求“可靠性”的礼来制药公司的产品卖不动的局面。

（参考《从东京大学入学考试中学逻辑》，略有删减）

总之，当对产品或服务的“功能”“可靠性”的需求已经得到满足时，顾客更看重的就是“便利性”的提高。因此，再去追求超出必要的“功能”或“可靠性”，都无法再唤起新的市场需求。

原本只是阅读时一瞥而过的内容，却能通过提问的方式，让我们发现其背后逻辑的本质。

当我们能够捕捉到这些本质性的内容时，就会明白此前日本产的功能手机之所以一直被大家取笑，就是因为其不懂“顾客的关注度已经转移到了‘便利性’上”这一事实，而只去追求外放的音质等过剩的“功能性”。这样一来，我们说明问题的思路就会得到拓宽。

“为什么这么说”，通过这样的提问，能训练我们有逻辑地对引起各种现象的原因与结果进行讨论的能力。

当上司要求“对其他公司的案例进行分析”时，如果你之前训练过这样的逻辑思考能力，那么你就会知道不仅要收集各种案例，还要对各种案例的本质进行分析，从而完成能运用于本公司实际情况的提案。

通过阅读理解题掌握名著的“精华”

此前，我们一直将焦点集中在对阅读理解的“解答”上，其实，仅仅是阅读所给出的文章材料，也是很有意义的。

阅读理解中所选用的文章，特别是评论性的内容，难度都是高中生能看懂的水平，而且大多摘选自名著。只需要花5分钟时间就能读完。而且，后续的题目中所专门提问的那一部分，就是容易出现误解的地方，也是逻辑展开的地方。将问题与解说结合在一起读，才是我们正确阅读文章的方式。

全国统一考试的阅读理解题所选用的评论性文章，其作者都是像野矢茂树、大冈信、福田恒存、岩井克人、鹫田清一、木村敏、大泽真幸、小林秀雄这样的思想家。

而在小说方面，则选用的都是像三岛由纪夫、宫本辉、山本周五郎、色川武大、远藤周作、池泽夏树等重要作家的作品。顺便说一下，色川武大是阿佐田哲也的笔名，其也被称为“麻将之神”。

只需要花几分钟的时间，就能读完这些思想家和小说家名作中的精华节选，所以这种方法可以让我们更有效率地掌握这些技能。

近几年日本全国统一考试“语文”科目所选用的文章

议论文	2013年	《谭》小林秀雄（评论家）
	2014年	《汉文脉与近代日本》齐藤希史（汉文学家）
	2015年	《遭遇未知》佐佐木敦（评论家）
	2016年	《被角色化的孩子们》土井隆义（社会学家）
	2017年	《科学交流》小林传司（科学哲学家）
小说	2013年	《地球仪》牧野信一
	2014年	《快速航行》冈木加乃子
	2015年	《爱石头的人》小池昌代
	2016年	《三等车》佐多稻子
	2017年	《秋天一日》野上弥生子

我经常会在工作中引用一些议论文或小说中的内容，周围的人也常问

我："你到底是怎么看完这么多书的？"老实说，有相当一部分内容，都是我通过看阅读理解题掌握的。

不过，通过"阅读理解"看完的文章，我会将其背后的逻辑也一道记入我的脑中。因此，比起花很长的时间阅读原著，这种方式更能让我深刻地掌握原作品中的要点信息。

总结一下，学习阅读理解主要有以下两大好处。

①通过解答"这一点指的是什么"和"作者为什么这么说"这样的问题，能锻炼我们的逻辑思考能力。

②作为掌握知识的基本工具，这能让我们在很短的时间内，了解思想家及其名著中的要点内容。

总之，要有逻辑性地向大脑输入信息。那么，输入到大脑中的信息又该如何输出？其所用到的方法，就是接下来要介绍的"撰写小论文"。

提高“表达能力”的最佳训练方法

上帝从不掷骰子。

——阿尔伯特·爱因斯坦（物理学家）

商务人士要学习撰写小论文

“撰写小论文”常被称为阅读理解题的姊妹篇。从这一节开始，我将介绍利用这种题型进行学习的训练方法。

商务人士为什么应该学习撰写小论文呢？

因为作为一种“将自己的主张，以非常有说服力的方式传递给对方的训练方法”，其效果非常好。

虽然有些啰唆，但我还是想强调，在商业场合中让对方认为你“很聪明”“很值得信赖”是非常重要的一件事，要想做到这一点，必须具备知识储备和掌握逻辑思考能力。

撰写小论文，就是同时运用“知识储备和逻辑思考能力”来将自己的主张明确地传递给对方的一种训练。把它说成是与商业场合直接相关联的一种“题目”也不为过。

这种题型，通常都是先给定一篇文章，然后让答题者在阅读的基础上，撰写小论文论述自己的观点。此时，最需要的就是对“文章内容”的总结能力，即概括力。

虽然接下来就是要充分展开自己的观点，但此时更重要的是思考“应该将议论的焦点放在哪个部分，又以何种视角来进行阐述”。

小论文的题目，常常会设定各种各样的话题，以此来考查你“如何有条理地展开具有自我原创性的观点”。例如，“关于死刑制度”“关于环境问题”“关于少子化问题”等，这门科目主要就是考你如何从给定的话题中找出独立的观点，并展开具有说服力的论述。

你的切入点选得够独特吗？你能引用准确的数据吗？你的立论与论述能得到读者的认可吗？写出的文章是否易懂呢？将这些要素都考虑进来，才能写出一篇高质量的“小论文”。

在学术界有这样一种观点，认为“无法反驳的论文，就不能称之为论文”。如“存在STAP细胞”“我能够制造出来”这样的说明，谁都无法提出反驳意见。并非是因为“无法就绝对正确的内容进行反驳”，而是“对于无法被证明正确与否的内容，也就无法反驳”。本节开头引用的名言，“上帝从不掷骰子”，是爱因斯坦在批判量子理论时说的，这句话中出现了全知全能的“上帝”，所以也是绝对无法被反驳的主张。

有条理的主张，必然能遇到反驳的意见，我们要通过对这些“反驳意见”的再次反驳来证明该主张或理论的正确性。在撰写小论文时，就是要靠自己一个人来完成这个“反驳”与“再次反驳”的过程，这样才能写出一篇高质量的议论文。

打磨原创性思考的“本质”视角

那么，怎样做才能找出“属于自己的视角”“具有原创性的办法”呢？

这里我们要用到的就是所谓的“本质”视角。

假如，让你就“格差社会”写一篇小论文。

这种时候，很多人想到的是“格差社会是一个严重的问题”“格差社会必须加以解决”这样的主张。这么写当然没有错，但是仅仅如此并不能称为“具有原创性”，这对于读者来说也缺乏说服力。

此时，我们可以借助“本质”视角来进行思考，这样就能获得不一样的看法。

①本质上，格差社会到底指的是什么？

②本质上，一定不能形成格差社会吗？

③本质上，为何会形成格差社会呢？

④本质上，如何才能消除格差社会呢？

当我们思考①“本质上，格差社会到底指的是什么”时，可能会得出下面这样的想法。

· 将贫富差距本身理解为格差社会

· 将贫富差距固化的这种状态理解为格差社会

为什么要学习撰写小论文

· 将复杂的内容进行精炼总结
· 有条理地阐述自己的主张
· 能够以“本质”的视角来看问题

有了这些想法之后，你就能从不一样的角度去论述独立的论点。如“我认为存在差异这件事本身并不是问题，问题在于这种差异被固化了”。

抑或将这一论点与②“本质上，一定不能形成格差社会吗”相结合，我们就可以将论点进一步地深化，如“假如，存在差异这件事本身就是一个问题，那么就要以共产主义社会为最终的发展目标。但是，真正的问题并非是有差异这件事，而是其所产生的差异被固化了。有些人无论怎么努力，也无法摆脱贫困”。

此外，如果把“本质上，为何会形成格差社会”“如何才能消除格差社会”作为切入点，我们又可以进一步地展开话题。如，“日本的个人所得税虽然很高，但是遗产继承税却很低。因此，导致与生俱来的格差社会被固化，而且这种差距会继续拉大。所以，如果不改变税制，这种格差社会就不可能被消除”。

在小论文题目中，并不存在所谓的“什么是正确，什么是错误”这样的标准答案。但是，要想写出一篇能得高分的小论文，多少还是需要有“独立的视角与论述”的。因此，掌握“本质”视角才是最有用的。

只要你能掌握这种视角，不论是面对小论文的题目，还是在商业上遇到的问题，都会很有益处。

在会议或讨论等场合中，这将有助于我们提出自己的意见。在思考企划案时，通过“本质”视角来弄清思路，我们能获得更多的灵感。

通过读和写来锻炼“思考能力”

朝着解决问题更近一步，到底是指什么呢？是指我们对已有知识的运用和再组织；是指我们改变对问题的思考方式；是指我们对最终构成结论阶段的一种预知。

——乔治·波利亚（数学家）

思考“具体且简单的解决方案”

同阅读理解题的文章一样，小论文参考书也是优秀文章的宝库。

因此，工作忙碌的商务人士可以不用一上来就自己动笔写，而是先读一读参考范文。

小论文的出题范围，大多是实际生活中最容易出现分歧的话题。所以，小论文的参考范文集中了议论文的精华内容，把这些记住，会强化我们的分析议论能力。

在阅读小论文的范文时，应该注意以下两点。否则，笼统地阅读即使能让我们获得新知，也无法让我们掌握逻辑思考能力。

①通过“三部曲”掌握解决问题的方法

②了解现代社会中的课题和解决对策

撰写小论文的基本结构，与商业咨询顾问在解决问题时的步骤几乎是相同的。也就是说，首先“提出问题”，其次“将主张明确化”，最后“附加上理由”。这可谓解决问题的“三部曲”，而通过阅读大量小论文的参考范文，我们就能掌握这个套路。

那么，“作文”与“小论文”的区别又是什么？

也许，有的读者会认为“小论文，就是以前在小学或中学时所学作文的一种延续”。

但是，大学入学考试中所要求撰写的“小论文”，其实与“作文”有着很大的差异。在“作文”的内容中，大多是个人的体验以及与之对应的主观感想，而“小论文”则以解决客观的问题为目标。因此，作为解决问题的基本内容，只有同时具有“具体且简单的解决方案”和对其进行支撑的“理由”这两个部分，才能被称为“小论文”。

音乐这门课对小学生来说是有必要的吗？面对这样的提问，如果只是回答：“我自己很喜欢听音乐，因此，我觉得有必要让小学生也学习音乐。”这只能算作“作文”。因为，它不过是个人的主观感想而已。

而如果是“小论文”，应该写成下面这样。

“对小学生来说，最重要的就是促进其大脑的发育。因此，我认为应该面向所有的小学生开设音乐课程。理由就是，听音乐能够促进大脑的发育。实际上，近年来的研究也表明，听音乐会对左脑和右脑同时产生刺激。”

“对小学生来说，最重要的就是促进其大脑的发育”，通过这句话来“提出问题”，然后基于这一点，提出自己的主张：“应该面向所有的小学生开设音乐课程。”关于这点，不但给出了“音乐能促进大脑发育”这样的理由，还拿出了“近年来的研究成果”这样的客观事实依据。像这样，将“提出问题”“提出主张”“给出理由”这三个部分都囊括到一篇文章中，才能被称为真正的“小论文”写作。

总之，除了撰写小论文，在阅读范文时也要有意识地去理解作者的“主张”“理由”，然后根据自己的理解进行整理，这才是最重要的。

在阅读小论文时，还应该具有另一个意识，那就是“了解现代社会中的课题和解决对策”。学习小论文范文的另一大好处，就是能让我们俯瞰现代社会中的各种课题和解决对策。

电视上每天都会播放国际纠纷、贫困以及艺人丑闻等各种各样的新闻，此外还会加上来自艺人或评论家的点评内容。

其实，这些点评，除了针对的具体案例不同，基本上都和小论文有着异曲同工之妙。“小论文”只是基于客观事实，有条理地被撰写出来了而已。所以，阅读小论文的题目与参考范文，能让我们获得更强的洞察力。

商务人士常常也会在谈判或接待等场合，被要求就某些时事新闻发表自己的观点。这种时候，如果你能拿出不同于媒体的看法，肯定会让对方觉得你很优秀。

短时间内理解难懂话题的“论点”

市面上有很多关于小论文的复习参考书，但我还是推荐大家看《社科类小论文写作练习》（吉冈友治著）这本优秀的参考书。该书对每个话题给出的都不是一般常见的“理想论”，而是基于客观事实和逻辑的现实解决对策。

前一阵子，政治哲学家迈克尔·桑德尔所著的《公正：该如何做是好》一书以及其本人参与的电视节目，一度成为热门话题。尽管其对政治哲学的内容进行了通俗易懂的说明，但是那本接近500页的著作，实在谈不上容易读懂。

不过，《社科类小论文写作练习》这本书，仅用了7页的篇幅便解释了“何谓正义”“正义与利己主义”“道德的善与正义的区别”“宪法的意义”等内容。

此外，《社科类小论文写作练习》一书，还提到了“日本经济与富裕程度”“自由与竞争”“环境问题的窘境”“全球化的矛盾”“组织与官僚制”“隐形的权力”“媒体与信息社会”“幻想的国家与民族”“劳动与阶级化”等在媒体上出镜率很高的话题。

关于“日本经济与富裕程度”，书中提到了产生失业者的社会背景、乘法效应激活经济的逻辑原理、经济恢复政策的界限等内容。我们只有理解了这些宏观经济的基本知识，才能对经济提出自己的看法。

通过撰写小论文来丰富“思想”

关于小论文的题目，还经常会有一些很特别的题型。

这是一张拍摄于国王十字车站的照片。
请用800字以内的篇幅，阐述你的观后感。

（2015年度顺天堂大学医学部入学考试小论文题）

上面这张照片，实际上就是顺天堂大学医学部入学考试中的一道小论文题。

对于这样特别的题型，同样可以运用之前提到的“提出问题”“将主张明确化”“附加理由”三部曲来解答。

首先，要“提出问题”。

“昏暗的室内”“气球”“楼梯”“站在台阶上的男子”，先要思考如何从如此多要素中，筛选出该被提出的问题。例如，我们如果将目光放到“气球”上，就可以试着像下面这样来提出问题：“站在台阶上的男子，是不是并没有注意到气球的存在？”然后，基于这个话题，来进一步展开论述。

其次，就是“将主张明确化”。

倘若该男子真的没有注意到气球，答题者该提出什么样的主张？“这名男子只关注‘出口’的位置，但对于该男子来说，其走到‘出口’的这个过程才是真正重要的”，像这样，必须将自己的主张明确化。考虑到这是医学部的入学考试题，所以我们可以将主张延伸为“不能只追求结果，对过程也应该给予充分的关注。例如，在医疗领域，比起治愈疾病来，更应该重视日常与患者的对话或问诊环节，应该投入更多的精力以帮助患者化解心中的不安”。

最后，为了让主张更具有说服力，还需要“附加理由”。

“结果属于未来的情况，任何人都不可能预测得完全准确。因此，比起预测未知的结果，更应该把关注度放到眼下切实能做到的事情上。例如，在医疗场合中，手术能否成功这样的‘结果’确实很重要。但是，如果我们不投入充分的时间去倾听患者的心声，获得患者的理解与认同，就很有可能出现对患者误诊的状况，甚至还会有发生医疗事故的风险。”

一味地追求最终目标，最终得到的往往不是预期的结果。对于照片中的这名男子来说，“车站的出口”就是他的目标，而他站在台阶上的同时却没有注意到气球的存在，他想的只是“出口”，最终也许因为发现自己没有找对地方而惊讶地呆站在那里。

仅通过以上“提出问题”“将主张明确化”“附加理由”这几步，我们已经能写出一个大致的内容来了。但其实，我们还可以再针对自己的主张想出一个反对的意见，然后对其进行再次反驳。这种方式能让我们的主张变得更具有说服力。例如，对于我们提出的主张“重要的是过程，而不是结果”，可以想到的反对意见就是“过程做得再好，如果结果是失败，就毫无意义了”。

确实，不管我们如何仔细和努力地向患者解释他的病情和手术的风险，只要最后手术的结果是失败的，前面所做的这一切都会变得毫无意义。

但是，得到“好”结果，就意味着是真的“好”吗？虽然这一次用错误的处理方式，得到了一个“成功”的结果，但如果我们事后不对过程有所反省，很有可能就会在其他患者身上遭遇“失败”。此外，如果不能获得患者的理解与认同，即使手术做成功了，患者以后仍可能心有不安。

由于篇幅的关系，这里只能写出很少的内容。以下汇总的就是参考范文的重点内容。

这张照片，反映的可能是一名站在台阶上的男子想要寻找车站的出口。

但在这个过程中，他却并没有注意到气球的存在。假如真是这样，我认为该男子不应该只在意“出口”的位置，也有必要对中间的“过程”充分关注。

如果将这个主张放到医疗语境下，就是指医生不能只追求“治愈疾病”的结果，作为“过程”的每天与患者之间的对话和问诊等环节，才应该被摆在更加重要的位置。

假设有一名患者必须接受手术，那么能否成功进行手术固然十分重要，但是，在平时的问诊或同患者的对话等环节上我们更应该投入更多的时间。像这样，对日常的过程更加重视，才能防止发生预料不到的错误，也能促进患者对手术风险的了解，从而提升其安心度与认同感。

也许会有人提出“过程做得再好，如果结果是失败，就毫无意义了”这样的意见。确实，不管我们如何仔细和努力地向患者解释他的病情和手术的风险，只要最后手术的结果是失败的，前面所做的这一切都会变得毫无意义。

但是反过来看，倘若手术结果是“好”的，那就真的意味着很“好”吗？假设手术成功了，但是就今后病情可能复发的危险性，没有对患者进行正确说明的话，患者就会在一无所知的情况下，面临着巨大的风险。还有，用错误的过程完成了手术，这一次是获得了“成功”，但还是有在其他患者身上出现“失败”的风险。因此，结果的好坏并不能成为我们无视过程的理由。

所以，我认为这张照片是想告诉我们，这名男子不能仅仅关注“出口”，他也应该留意走上楼梯的这个过程。

很多大学会出这样的小论文题目。

以前，在东京大学入学考试的阅读理解题中，出过被称为“200字作文”的特别题目，现在倒是不怎么出这样的题型了。在1992年的试卷中，所出的题目就是让考生就电影《寅次郎的故事》中男主人公的台词，写出“你的所思所想”。（详细的题目，请参考竹内康洁所写的《东京大学入学考试最强的语文“第二题”》朝日选书。）

这样特别的题型，比起让我们学到知识，更重要的是锻炼我们解决问题的思考能力、逻辑分析能力。所以，请大家都去挑战一下。

如何把文章写得简洁易懂

文章取决于其所用的辞藻。

——盖乌斯·尤利乌斯·恺撒（军人、政治家）

写出“易懂的文章”的要求

虽然这里介绍的是有条理地撰写文章的方法，但是写小论文的技巧也同样适用于写单个的句子。

人们常常误认为“好文章=美文”，但是，无论是对于小论文，还是对于商业场合，我们都没有必要强迫自己去写出一篇“美文”。一般被称为“美文”的文章，其表现形式都会刻意地追求艺术性，而每个读者对其内容的理解也会千差万别，因此这并不适用于正式文书的场合。

在商业或者正式的场合，为了准确地向对方传递信息，我们必须注意两点：“解决问题的要旨必须很明确”以及“每一句话都足够简洁且具体”。

下面我将参考《吉冈老师的10条小论文讲义》这本书的内容来进行解说。这本书被我称为学习撰写小论文的“圣经”，其采用的也是所谓“芝加哥流派”（the Chicago Manual of Style）的写作方法。“芝加哥流派”得名于芝加哥大学出版的学术论文指导纲要。其实不仅是在芝加哥大学，在整个学术界这都是撰写文章的一个标准。实际上，“芝加哥流派”在学术界几乎无人不知、无人不晓。由于很少有复习参考书会涉及“芝加哥流派”的内容，所以我在这里向大家特别推荐这本书。

另外，我还推荐大家读一读吉冈写的《从芝加哥流派学习有条理地思考、写作技巧》这本书。

“检查文章”的三大原则

经常按照《吉冈老师的10条小论文讲义》中所介绍的要点对自己的文章进行检查，能锻炼我们写出“简洁且易懂的文章”的能力。实际上，我之前在指导部下的文章时，引用的就是这本书中的内容。后来部下的写作能力也有了显著的提高。

最重要的是以下三点。

①不要使用烦琐的表达

②不要使用“很”“非常”这样表示程度的形容词

③不要使用暧昧的逻辑连接词和助词

首先，来说一说①“不要使用烦琐的表达”。

不只是商务文书，甚至在一些评论性的文章中，也常常会使用“并非是……这样吗”这样的结尾表达。在商业场合，我们应该避免使用这样不必要的疑问修辞。

如果你是一名银行职员，正在思考向某家工厂提供融资的案子。你将自己的主张呈报给上级时，这样写道：“这家工厂在火箭零部件的开发技术上很有优势。我们向这家工厂提供融资不是应该的吗？”你的上司看到这样的内容，就会认为你是一个不负责的员工。文章中出现“不是应该的吗”这样的句子，说明你并未对自己有足够的责任心。如果认为应该融资，那清楚明确地写上“应该融资”就好了。

不能像小说和诗歌那样，太过注重所谓的“华丽辞藻”。在商业场合，应该尽可能地撰写简洁易懂的文章。

其次，说一说②“不要使用‘很’‘非常’这样表示程度的形容词”。特别是在商务文书中，使用这种表示程度的形容词，会带来一定的危险性。因为，这种对程度的形容大多源于作者自己的主观感受，多多少少会与读者的感觉有差别。

例如，你写道“这家公司的利润率非常高”，对于作者来说这里的“非常”，指的仅仅是“高于业内平均水平”。但是，读者也许就会认为其利润率是“全日本顶级的水平”。所以，在商务文书中我们就不能这么写。我们必须使用“这家公司的利润率接近业内平均水平的2倍”这样的具体描述。

还有，为了防止作者与读者产生误解，像“这个”“那个”等指示性的词汇，也应该尽量避免使用。因为，对于作者来说的“这个”，常常指代的是与读者心中的印象不同的事物。

最后，再说说③“不要使用暧昧的逻辑连接词和助词”。

连接词是构成逻辑关系的基础。哲学家野矢茂树在《逻辑的力量》一书中也提到，要想有条理地表达自己的意见，就必须选用适当的逻辑表达方式。

特别是在商务文书中，就不应该使用像“而且”这样的连接词。吉冈在他的书中也提到，使用“而且”这个词，会破坏逻辑关系的严谨性。

例如，在商务文书中写道：“部下A君是本项目的负责人。而且，该项目进展顺利。”这里的“而且”所表达的意思就非常暧昧，其到底是因为有了A君的负责才进展顺利呢，还是说二者之间并没有特别的因果关系？

如果对方认为A君很优秀，也许就会把这里的“而且”理解成“所以”的意思。而如果对方对A君这个人没什么印象，自然也不会从中体会出因果关系。

总之，对于“而且”这个词的理解，完全取决于读者自己的主观判断。

同样，通常用于逻辑转折的词“然而”，其所表达的含义也是含混的。

因为，在“我喜欢英语，然而也喜欢数学”这样的顺接逻辑关系中，也可以使用这个词。所以如果我们不经意间在商务文书中用了该词，同样等于是要让读者自己去进行意思的判断。介绍写作技巧的经典名著《论文的写法》对此也提出了相同的观点。

不仅是商务文书或小论文，在我们的口语中，要想准确地传递信息，也同样最好不要使用逻辑连接词。因为，我们的大脑并不适合来理解会话过程中的逻辑内容。我记得池上彰说过“在口头说明中，尽量不要用逻辑连接词”。特别是在口语中，使用连接词不仅会让句子变得很长，而且还有可能引起理解上的混乱。

“咖啡对身体有害。不过，也有一种观点认为喝咖啡能瘦身。的确，好像之前在哪本书中读到过类似的内容。但是，在体重瘦下来的同时，咖啡中所含的咖啡因也会导致睡眠的平衡状态被打破。”

在这样的表达方式中，虽然连接词的使用是正确的，但还是会引起理解上的混乱。

老实说，我在最终审校本书的书稿时，就是按照上述①②③的要求来检查的。我发现，自己的书稿中也出现了大量“很”“非常”“而且”这样的词汇。当然，如果把这些词都一律删去，将会破坏文章的节奏。但是，在修改文章时，事先知道自己“应该检查什么地方”，确实能提高我们的审稿速度和精度。

“三大原则”同样适用于英语学习

顺便说一下，上述的三大原则，也同样适用于英语写作的场合。日本人在用英文写作时也同样常出现这三种情况，而在母语是英语的人看来，这就比较别扭了。

比如，“very”等表示程度的形容词，用多了就像是儿童式的表达，给人说明不足的感觉。又如，比起“He is a very good man”这样抽象的句子，用“He helped me solve a problem I had”这样具体的描述，更能明确地传递自己的想法。

通过“电子邮件”来锻炼写作能力

要锻炼自己的写作能力，最好的方式就是让自己多去实际地写一写。不过话虽这么说，要每天都做小论文的试题册，然后找人帮忙批改，这是非常不现实的。因此，我推荐大家可以将“撰写电子邮件”当作锻炼自己写作商业文书能力的一个方法。

练习的方法有两个。其一，就是尽量将自己想说的话或希望对方去做的事情，概括到一个段落里。在商业场合，发送电子邮件的主要目的，就是希望对方收信后去完成某项工作。即便是那种用来“共享信息”的通报邮件，也是希望与对方达成共识，所以仍是以“做出某个行为”为前提的。

你是否写过这样的邮件呢？

假设你是一名便利店的职员，并且昨天刚刚完成了本店的兼职面试工作。而收件人，就是你的上司佐藤店长。

佐藤君：

您辛苦了。昨天，我面试了打算来本店兼职的大学生A君。他目前就读于ABC大学，之所以想来本店打工，是为了攒钱购买自己喜欢的摩托车。聊天过程中我得知他与我是老乡，都是××县人。我们很投缘。他是一个很孝顺的学生，不想让在老家的父母亲有太多经济负担。虽然他在待客方面毫无经验，但是性格比较开朗，也很善于同他人交流。

此致

怎么样？虽然能看出来是对A君的正面评价，但是文章并没有明确表示“是否要录用对方”，所以我们很难从字里行间读出作者的结论。其实，我们可以像下面这样，将该邮件的表达修改得更好懂。

佐藤君：

昨天我面试了A君，我认为本店可以录用他。

他想来兼职的理由很充分，而且他的性格以及待客能力也与本店的要求匹配。

·兼职理由：打算攒钱购买自己喜欢的摩托车。而且，后期在车辆保养方面也需要花钱，因此我认为，其至少能在本店兼职半年以上的时间。

·性格：他常会提到在乡下的父母亲，是一个很孝顺的人。考虑到本店的顾客大多也是老年人，所以他这样的性格应该会获得客人们的好感。

·待客能力：虽然没有在服务业工作的经验，但是通过与他的面谈，我能够感觉到他是一个很健谈的人，性格也很开朗。所以，他应该适合这份工作。

基于以上原因，我认为本店可以录用A君。

此致

最重要的一点，就在于“是否阐明了自己的结论”。

这篇文章，通过“我认为本店可以录用他”这句话将作者的主张明确化。

作为理由，其后列举了“兼职理由”“性格”“待客能力”三方面的内容。

最后又再一次重复了自己的观点。所以，我们只是稍稍改变了一下表达方式，就让人感觉“A君是最适合的人选”。

另一种通过电子邮件来锻炼写作能力的方法，就是针对他人所写的邮件提出修改意见。基于前文提过的“三大原则”，对他人的邮件进行批改。

也就是检查：①“表达方式上是否做到了简洁易懂”；②“是否使用了多余的形容词”；③“是否使用了暧昧的逻辑连接词或助词”。

这样一来，你会发现很多电子邮件写得都是有问题的。

如果对方是自己的部下，那么你可以将批改的结果发给他看看。作为上司，恐怕没有比这更好的写作指导方式了。

本来，人都是会“严以律人、宽以待己”的。所以，通过批改他人文章，我们能意识到“三大原则”的重要性。

专 栏

撰写小论文也能提高“演讲能力”

要想写出一篇优秀的小论文，必须按照下面的框架来写。

①明确自己的意见

②拿出数据来补充该意见

③预先想好反对意见

④对反对意见进行再次反驳

⑤陈述结论

如果要就“死刑制度”写一篇小论文，首先我们可以明确自己的意见，如“要反对死刑制度。而且，原本死刑制度就不可能抑制犯罪行为”（①）。其次，拿出较有说服力的数据，来说明“为何死刑制度不可能抑制犯罪行为”，以此来补充自己的主张（②）。

一般到这个时候，就可以推导出我们的结论了，如“因此，我反对保留死刑制度”。但是，仅仅这样会显得论点很单薄，缺少说服力。

如果我们的立场是“反对死刑制度”，那么可以反过来举出一些反对意见，如“死刑制度存在的价值、好处”“废除死刑制度会带来的风险”等

（③）。这样会促使读者思考“确实，死刑制度可能也有其存在的必要性”。

对此，我们可以进行具有说服力的“再次反驳”（④），然后再推导出我们的结论，“我还是认为应该反对死刑制度”（⑤）。这才是一篇正统的小论文展开论述的方式。

这里，我们可以再多思考一下。这五个步骤是不是也酷似“在商业场合发表演讲”的流程呢？

先阐述自己的主张，然后给出支撑的事实依据。当然，我们会遇到反对意见，因此我们会事先准备好一个“Q&A”问答列表，然后给出颇具说服力的反驳。最后，在对方也表示认同的情况下，陈述我们的结论。

入学考试的小论文题就是最好的训练。但是据我所知，即使是在很多热心学习的商务人士中，也没有多少人能将其正确地用作“知识与逻辑”的训练手段。大学入学考试的小论文题目，不被拿来锻炼自己的思考能力、逻辑能力，实在是太可惜了。

04

如何快速掌握语言能力

首先，要放弃英语

并非是“初中、高中花了6年的时间仍学不好英语”，

而是“只用了6年时间，当然掌握不了英语”。

——青谷正妥（理科博士、教育学博士）

为什么没有掌握“真正的英语能力”

本章我想给大家介绍一下学习英语的方法。

不过，一开始我还是要向大家道个歉。虽然下面的话可能会引起大家的反感，但是我还是想把“丑话”说在前头。

各位是绝对不可能掌握最地道的英语的。

普通的日本人无论多么拼命地学英语，也不可能做到如“母语者”那般说一口流利的英语，或者在不集中注意力的前提下，也能听懂电视剧或电影中的英文内容。

我身边有很多朋友，就是从所谓的“本土”（毫无海外留学的经验）状

态开始学习英语的，后来他们也成功考上了国外的MBA，实现了海外留学的梦想。但是，这些人里几乎没有一个敢说自己“真正会英语”。而且，他们还都感到“英语”是一门越学越难的科目。

例如，我曾经和麦肯锡公司的一位日本合伙人（项目最高负责人）在酒桌上闲聊，让我至今仍印象深刻的是，他亲口对我抱怨道：“真的很羡慕那些会英语的人啊。”

在我看来，即使是在外资企业中，麦肯锡也是日常工作中使用英语最多的一家公司。比如，在麦肯锡的日本分公司，即便是面向日本本地客户的项目，团队中肯定也有国外的咨询顾问以及业界的专家，所以他们必须掌握很高的英语技能。

甚至，几乎每个商业咨询顾问都有在国外念MBA的经历。

这位日本合伙人也是在美国的一家一流大学拿到的MBA学位，在一般的日本人看来，应该算作是那种“英语很好的人”了。但是，他本人却在工作中倍感压力，觉得自己“不会英语”。

还有，我上过一家专门培养职业翻译的学校，那些同学每天挂在嘴边的话，就是感慨自己“完全不会英语”。

由于是以“职业翻译”为目标，所以这些人的英语水平都非常高，通常能在TOEIC考试中获得接近满分的成绩。但即便如此，他们仍会含泪说自己“完全不会英语”，原因在于他们无法像一个“母语者”那样去使用英语。

读和写都很奇怪的“日本人的英语”

听我这么一说，可能有人会出来反驳，“我明明会读会写英语啊”。

确实，与必须经过某种程度的长期训练才能掌握的“听”的能力以及根据实际状况以正确的语法和正确的发音来传递意思的“说”的能力相比，“读”和“写”的能力也许就显得简单多了。

但是，我却觉得这种反驳意见很奇怪。因为，即使从全世界的平均水平来看，很多日本人的英语“读”“写”能力，也是十分“笨拙”的。

我们从TOEFL（iBT）考试的平均成绩中就能清楚地看出这一点。TOEFL考试会分别考查考生的“听、说、读、写”四项技能，每项的满分为30分，总分120分。

亚洲各国（地区）的TOEFL考试平均得分

	总分	读	写	听	说
新加坡	96	24	24	25	24
印度	93	22	24	23	23
菲律宾	89	21	23	22	23
韩国	84	22	21	21	20
中国台湾	81	21	20	20	20
中国大陆	79	20	20	20	19
泰国	78	19	20	20	19
日本	71	18	19	17	17

（数据摘自 Test and Score Data Summary for TOEFLiBT® Tests, January 2016—December 2016 Test Data）

根据2016年的得分数据可以看出，日本人的平均得分为“读”18分，“写”19分，“听”和“说”各17分，总计71分。

也就是说，“读和写”相比“听和说”仍有很大的分数差距。此外，“读”这一项满分为30分，只取得了18分的成绩。夸张点说，这相当于只看懂了文章的一半内容。同一般在报纸或书籍上所用的英语不同，TOEFL考试中所选用的“阅读”文章，并不会带有难懂的单词或俚语，而且它们都是语法正确的内容。但即便如此，日本人也只能答对60%而已。

按平均总分来比较的话，日本人的平均总分为71分，而同为亚洲国家的韩国却是84分，中国则为79分。由此可见，日本人的英语能力确实比较“笨拙”。

顺便说一下，到美国留学念MBA的最低分数线必须是100分（实际上，很多学校要求的分数更高，如我念的芝加哥大学，其最低分数线就是104分）。

你绝对应该学习英语

虽然我的表达略显直白，但是我真正想说的就是即便你想要掌握“地道的英语”，也是无济于事的。但是，这并不意味着我们就不需要学习英语，或者完全不会英语也没有问题。

对很多职业来说，你在处理工作时如果完全不会英语的话，就根本不可能获得成功。今后，全球化的进程会越来越快，而且这个过程是不可逆的。考虑到这一点，商务人士掌握英语能力的重要性，也正逐渐显现出来。

“目前，所在的部门用不上英语，所以这对我没啥影响”，也许有人会这么想。但是，如果这些人不事先学习好英语，说不定有朝一日就会遇上问题。

随着少子化、老龄化等社会问题变得越来越严峻，日本国内的市场正在不断萎缩，那种局限于国内市场的生意也随之减少。越来越多的企业要么选择进军海外市场，要么就是扩大面向国外游客的商业规模。

从这个意义上来说，所有身处商界的人，未来都肯定会使用到英语。但是，等到迫在眉睫时再去学习，那可就为时已晚了。

我与日本制造业、制药业的很多业内人士一起共事过。我发现那些使用英语或者不得不使用英语来工作的人，都是那种“进公司时，从未想过有一天要使用英语”的人。

麦肯锡公司就是一例。以前，由于日本人对日本企业了解充分，所以工作中仅用日语就足够了。不好意思地说，直到2000年年初，麦肯锡公司的在职员工中，大多数人还不会使用英语。

但是，随着全球化的发展，越来越多的日本企业进军海外市场，还有的企业会引进国外优秀的管理体系。因此，我们需要通过英语来和各个国家的咨询顾问一起共事。目前，即使是在日本分公司，如果不会说英语，你恐怕连一天都待不下去。

不只是麦肯锡公司。在其他一些大企业中，如果不会使用英语，不仅业务无法正常开展，甚至还会被降职。但是在几年前，他们对员工的英语能力还没有提出如此高的要求。

你要考虑到，自己所在的企业可能会被外资公司收购，抑或公司主动加速全球化的发展。因为“目前，对英语没有要求”，便在这方面有所忽视的话，有朝一日遭遇困境也就不是什么奇怪的事了。

学会英语能让获取的“信息”倍增

如果不会英语，就只能让自己局限在“日语的环境”中做生意，这将是很危险的一件事。“信息时代”这个词已经提出来很久了，但是如果不会英语，就增加了被世界淘汰的风险。理由主要有以下3点。

①日本媒体上所报道的国际新闻，经常比欧美媒体的报道晚1～2天

②在翻译国际新闻时，会出现不准确或错译的可能

③只接触日语信息的话，会对日本在全世界的相对位置做出误判

首先，来说一说①。我每天都会阅读《华尔街时报》和《纽约时报》（都是电子版），还会通过播客程序收听BBC的全球广播节目（BBC的全球

广播节目是免费的，它会播报最新的国际新闻）。

通过这些途径，我们能接触到国外的新闻。而且，经常是我所看过、听过的内容，好几天后才在日本的报纸或新闻栏目上出现。虽然，由于时差的关系，我也不可能实时地看到国外媒体上的内容，但日本媒体的新闻报道，在时效性上也太差了。

这种时差性，会给我们的国际贸易带来很大的损失。汇率的变动以及国际贸易中所需的重要信息，如果发生延迟那将会是致命的。如果你跟外国客户交谈时聊的还是两天前的话题，对方可能会怀疑你的智商。

不仅是新闻报道，对于最新的研究成果、商业动向等信息，如果你不能阅读相关的英文文献，这将成为一个极为不利的条件。

你只要打开一本翻译过的书籍，看看其后的参考文献列表，就能体会到这种感受。与学术论文有关的重要内容，几乎没有日文版的。

我手边就放着一本讲解行为经济学与组织理论的《失败经营学》。其内容非常吸引人，引用的主要是伦敦商学院授课用的讲义。

翻到这本书的参考文献，在其列出的前30多篇论文中，仅有2篇曾被翻译成日语。一般的经济管理类图书中，其参考文献中所引用的论文被翻译成日语的比例，大概也就是这种水平。

通过这个例子我们可以知道，如果不懂英语，那就只能获取十分有限的信息，自然会减弱我们的学术能力。

接下来，说一说②“在翻译国际新闻时，会出现不准确或错译的可能”。

在获取海外信息时，如果只阅读翻译过后的文章，那么，但凡其中的翻译存在错误（哪怕不是译者有意而为之），我们就会得出错误的解读。

接下来，是③“对日本在全世界的相对位置做出误判”。倘若只接触日本媒体上的信息，你自然不可能从一个客观的立场来看日本。

例如2010年，日元的通货膨胀十分迅速。当时，由于我正好在从事外汇交易的工作，所以每天都会有公司内外的人来向我打听美元的走向。大多数人问的是“昨天首相的发言会不会成为通货膨胀的导火索”“日本股市股价下跌的话，会不会引起通货紧缩”这样的问题。

但是，这次风波，完全是“希腊经济危机”等海外经济的前景不明朗，使得作为避险货币的日元被大量买入所导致的。反之，当海外经济的风险降低时，日元就会被卖出。因此，此时的货币市场，与日本国内政要的发言以及日本市场的动向都没有任何关系，只能说是对美元和欧元变化的一种反应而已。

我留学的那两年，每天都会看CNN的新闻，但除了有关“东日本大地震”的报道，几乎从未在新闻报道中听到过“Japan”这个词。

勉强地说，我只在时任美联储主席伯南克的发言中听到过这个词，当时他说：“美国的金融出现了缓和迹象，不会像Japan那样招致严重的经济状况。”所以你看，还是在描述“负面”内容时才会用到“Japan”这个词。我曾经也认为“日本是一个冠以‘全球’名号的经济大国。所以，对美国来说它也是一个十分重要的国家”，但现在看来，这样的想法未免太过狭隘了。

最近，越来越多的日本媒体都开始从“外国人”的视角来称赞日本，可如果我们不弄清楚日本在全世界的真正位置，就这么听之信之，那就很危险了。

“最低的”分数和读写能力就足够了

那么，我们的英语到底要学到何种程度才行呢？我在这里提出两个“最低”标准。

第一个“最低”标准，就是要能考到“最低的分数线”。当然，不同职业或企业的要求也不一样，但是一般来说，能在TOEIC考试中考到800分的话，就不算是“不会英语的人”了。可现状是日本人几乎都考不到800分，包括我自己。但是，大多数人只要能认真努力几个月，还是有可能做到这一点的。只要能考到800分，像调任负责海外业务的部门或者去海外工作的可能性就会很高了，所以这对你的职业生涯来说也是很有利的。这也能帮我们开辟跳槽到外资企业的道路。

虽然说都是外资企业，但是有些大型外资企业已经在日本运营很多年了，所以它们很少会要求员工必须掌握特别地道的英语。所以只要能在TOEIC考试中考到800分以上，就等于扫清了跳槽路上的障碍。

如果再稍微努力一下，就能在TOEFL（iBT）考试中取得100分的成绩，那样说不定就能获得海外留学的机会。去海外赴任、跳槽、留学，不管是哪一种情况，如果你的考试分数能提高一些，机会肯定会更多。能不能抓住机会暂且不说，在国外由于每天都能接触到英语，所以这肯定会为你英语能力的提高形成良性循环。

另一个“最低”标准，就是“在读和写的过程中不要有致命的错误”。只要你能正确做到“读”和“写”，那么除了一些特殊职务，日常的业务是完全可以应付的。

无论是外资企业，还是日本本土的企业，使用英语进行交流的高频率场景，就是对电子邮件或文件的“读”和“写”。即使你从来没有经历过英语会议，但至少也遇到过用英语“读”“写”的场合吧。

只要掌握“读”“写”能力，哪怕“听”“说”还不太行，也是能到海外考取硕士或博士学位的。像日本的诺贝尔奖获得者，从他们的发言中也能听出来，有些人的英语演讲水平确实谈不上优秀。但是，他们常年在海外做研究，并最终获得被全世界承认的成绩，得益于其可以用英语阅读和撰写论文的能力。

因此，如果你想掌握商业场合所使用的英语，最有效率的做法，就是一开始将目标定位于“能够满足基本的‘读’和‘写’”。

之前提过，TOEFL考试中日本人“读”“写”的平均分分别是18分和19分，但是只要努力几个月，就有可能将其提高到接近满分的水平。而对于“说”，花数月的时间也许就只能提高4到5分而已。

注重结果，“集中精力”坚持到底

一旦死心，比赛也就结束了。

——漫画《灌篮高手》（井上雄彦）

至少坚持“3个月”

接下来，就来说说学习英语的具体方法。

就拿我来说，直到走上社会，不，即使是走上社会以后，我的英语仍然很差劲，而且我非常讨厌学英语。

我是在中部地区的农村长大的，进到大学以后第一次遇到了所谓的“归国子女”群体。其中一个叫K君的人，在听了他的英语发音后，当时简直想把他当作偶像来崇拜。后来我因英语以及二外的成绩不够而留级，结果就是我上了五年的外语课。大学毕业后我进入三菱商事工作，那时我的TOEIC考试分数也只有400分。

但是，自从我走上社会以后我就开始了自学。后来除了TOEIC、

TOEFL考试，我还在主要被英国认可的IELTS考试，以及面向美国母语者的GMAT、GRE考试中，获得了很高的分数。

在TOEFL考试的“写作”题中，我竟然考出了连“英语母语者”都很难得到的满分成绩。

在这些英语考试中取得高分，虽然并不是一件轻松的事情，但是只要能集中精力去学习，也并不是遥不可及的。

例如，GRE考试是所有想报考美国高校研究生院的考生都必须参加的一项标准化测试。它的考试题目，也包含了连美国人自己都不一定会做对的生僻词汇。即便如此，这些考试中的高难度单词，加在一起也不过有1000个。反过来说，只要你能记住这1000个单词，就能得分。而这个数量，是我们努力花两个月的时间就能完成的。

市面上也有很多关于TOEIC考试的试题册。

把这些试题册中有关语法的题目都背下来，并集中精力强化听力练习，那么3个月的时间我们也是能考到800分的。关于学习的方法，我推荐大家看看《通往新TOEIC考试900分、新TOEFL考试100分的王道》这本参考书，虽然这不是最新出版的书，但其对参加TOEIC考试所需要的精神论和方法论都进行了充分的说明。按照它上面所介绍的学习方法去做的话，自学的人也能考出700分的成绩。

调动“学习积极性”的两个方法

虽然我说过“只要能集中精力去学习的话，就能取得成果”，但是这个“集中精力”本身就是一个问题。在还不懂英语的阶段，学习英语这件事本身就是很痛苦的。特别是因一时兴起开始学习英语的，可能坚持1个小时都很困难。

因此，我希望大家先“将自己置身于不得不学的环境中”。

根据我自己的切身经验，给大家介绍“两个能调动学习积极性的方法”。

第一个方法是“花钱营造一个让自己不可后退的状况”。

就拿我来说，当时我报了东京一家名为“Presence”的补习班。但这家补习班不仅提供英语知识的辅导，还有被称为“教练”的员工，他们对你的学习日程和学习方法提供指导。

总之，这是一家以“3个月让你的TOEIC考试成绩提高几百分”为目的的补习班。他们会布置大量的家庭作业，深夜还会有“教练”给你发邮件了解当天的学习情况。所以这就等于是把自己置身于“不得不学习”的环境之中。

虽然报补习班要花钱，但是你会想着“投资至少不能亏本”，所以就会特别认真地去学习。而那种吊儿郎当的学习状态，无论到什么时候也不可能让你提高英语能力。与之相比，这点投资就算很便宜了。

第二个方法是“向周围人大声宣布你的目标”。

我当时就向所在部门的所有同事宣布：“要在3个月后的TOEIC考试中取得800分的成绩。”那些知道我讨厌英语而且只考过400分的上司、前辈，都对此感到诧异：“太勉强了吧。”但是，为了不让自己丢人现眼，我硬是通过3个月的学习，把成绩从400分提高到了850分。

在日本，人们将“少说多做”奉为美德，但是通过“大声宣布”，你能给自己营造压力。如果你宣布了“我要做这件事”并且坚持努力去做了，在商业场合也会得到很高的评价。所以，务必去实践一下。

巧用词典和网络“读写”

实际上，词典或百科全书，是我们应该花一生的时间去读的，

而且它们也是很有意思的“书”。

——毛成真（实业家、作家）

通过词典提高“读和写的能力”

在TOEIC考试中取得800分的成绩后，如果还想进一步提高英语能力，又该怎么做呢?

接下来要介绍的，就是进一步提高“读”“写”能力的方法。对大多数的商务人士来说，比起口语的流利程度，他们更多时候还是被要求在“读”和“写”方面拥有较高能力。

首先要说的是“轻松撰写正确文章”的学习方法。

第一点，也是最基础的内容，那就是“多多使用词典”。

在英语作文中，最重要的两点是“词语的搭配”和“同义词的运用”。

在日本学习英语的人，为什么总是感觉学得不地道呢？主要原因就在于上面这两点。很多“英语母语者”都会在自己的书桌上摆上各种词典。对职业翻译来说，这种关于词语搭配和同义词辨析的词典，也是必不可少的工具。

先来说说“词语的搭配”。它指的是“将动词、形容词、介词等进行正确的组合”。例如，“aspiration”（强烈的愿望；远大志向）这个词，通过查阅词语搭配词典可以知道，其通常和形容词“lofty”（远大的；高尚的）、“high”（高的；高尚的）等一起搭配使用。并且词典中还特别说明，当想要进行强调时，不能使用“good aspiration”这样的表达。词语搭配词典可以教会我们各个单词之间最自然、最地道的组合方式。

前一阵子，我在写论文时就遇到过这样的情况，总感觉用“impact”这个词会带有贬义的色彩，但是一时又想不出更好的动词。

可是改用“decrease”（减少）的话，又觉得不太准确……

后来我去查了词语搭配词典，弄明白了同样是表示“减少、缩小”等意思，除了“impact”外，还可以使用“diminish”“lessen”等表述。像“diminish”“lessen”这样的单词，虽然都是基础词汇，但属于那种真到用时怎么也想不起来的一类。通过这个方法，我们可以在查阅词语搭配词典的同时，将这些明明知道但是总用不好的单词，一点点地加以掌握。

我推荐大家使用的词典是*Collocations Dictionary*（牛津大学出版社）。将其附带CD中的程序安装到电脑上以后，就能在电脑上进行简单的检索。我在手机上也安装了*Collocations Dictionary*的APP，它完全可以代替电子词典。

用“不同的单词”来表述同样的意思

要想写出一篇富有魅力的文章，那么“同义词”的运用是必不可少的。日语中把同义词称为“类语”。当你想用不同的表达方式来描述同一件事时，查阅同义词词典就能让我们便捷地找到类似的单词。

如果总是反复使用同一个单词，读者就会感到厌烦。日语中有这样的情况，英语里更是如此。这种行为给“英语母语者”留下的印象往往很幼稚。在不改变原意的前提下，我们有必要换用其他的单词。

有时，即便我们了解这一点，却总是想不起类似的单词。例如，之前提到的“aspiration”这个词，你能立刻告诉我它的同义词是什么吗？这种时候，通过查阅同义词词典，就会知道含义与之相近的单词还有“ambition”“desire”“dream”等。

关于同义词词典，我推荐大家使用可以免费在线查询的“Thesaurus.com”网站。我在撰写英文文章时，总是会打开这个网站，一个一个地去搜索同义词。如果在进行英文写作时，养成随时查询同义词词典的习惯，我们就能顺藤摸瓜一样掌握更多的单词。对那些想要扩充自己词汇量的读者，我强烈推荐这一方法。

掌握“介词”

英语中，日本人掌握得最糟糕的可能就要数“介词”了。

用错了介词，不仅会让人感觉“这家伙的英语很差”，而且有时还会引起误解。例如，同样是表达“我吃了鸡肉”这个意思，“I ate a chicken”与“I ate chicken”二者在意思上就有很大的差异。

这是马克·彼得森在他的《日本人的英语》一书中所举的例子。这句话加上“a”以后，给人的感觉就是“我生吞了一整只鸡，就像是把小鸡从鸡窝里领出来，生着吃下去”。

同样，当你想表示“我吃了苹果”时，就应该说成“I ate some apple”，而如果你说成了“I ate an apple”，给人的感觉就像是“你把一个苹果整个吞下去了”。

《a和the的力量》《易懂的英语介词讲义》等书，关于“介词”的知识讲解得通俗易懂，推荐大家都能好好看一看。当你看过这些书中的内容后，至少能培养出你对“a和the之间微妙的语感差别”。有了这种感觉后，再去查阅词典（市面上也有专门的介词词典）或者用谷歌搜索，就能减少我们无意中用错介词的情况。

将“谷歌”代替词典来使用

之前有提到过“谷歌”搜索引擎，实际上我自己在撰写英文文章时，如果有拿不准的情况，我都会用谷歌来进行检查确认。

不仅仅是英语，包括一些生僻的单词缩写，我也会拿到谷歌上搜一搜。

例如，在金融术语中有“TOB”（要约收购）这个词。当时我总觉得这个词怪怪的，于是便在谷歌上搜索“TOB”，结果搜出来的都是与日本国内有关的新闻内容。如果换成表达相同意思的“tender offer”来搜索，结果显示的就都是美国发表的论文或新闻内容了。

还有一个我常举的例子，像“cabin attendant”（应该写作“flight attendant”）和“night”（应该写作“night game”）这些单词，乍一看还以为是英语呢，实际上多为日本人自创的表达，所以我们一定要老老实实地用谷歌来进行搜索验证。

不仅仅是单词，在写句子时，如果有拿不准的地方也可以用谷歌帮忙。

特别是，可以在搜索框中用单双引号将句子标注起来（例如在搜索框中不是输入“I ate some apple”，而是输入“‘I ate some apple’”），这样一来，搜索引擎就不会以“单词”为单位，而是以短语为单位搜索出能匹配整个句子（包括语序在内）的内容，这样就会便捷许多。如果能搜出相同的句子，那就说明这是“英语母语者”会用的表达方式；如果搜不出来，就说明这是“日式英语”。通过这种方式对文章进行检查，就能避免被人指出“英语中不存在这种表达”的情况。

我在国外留学念MBA的时候，曾在校报工作，当时常常被人称赞“你的英语中运用了许多非常地道的表达”。但实话实说，这得益于我事先将所有的句子，都在谷歌上搜了一遍。

“阅读”能力的三个盲点

If you build it, he will come（如果你建造，他便会来）.

——电影《梦幻成真》

没有“背景知识”肯定看不懂

接下来，再来说一说提高“阅读”能力的方法。

说到阅读理解，可能得用一整本书的篇幅才能讲透彻。虽然词汇量是很重要的，但是这里我想说的是，容易被大多数日本人所忽视的“提高阅读能力过程中的三大盲点”。

第一点，就是“背景知识”。

实际上，要想看懂英文的书籍或报纸，掌握一定的背景知识要比词汇量的积累更加重要。

就拿日语来说，如果你事先不了解有关江户时代的知识，那么当你阅读一本讲“武士道”的书时，即便能了解其表面的意思，也很难对内容做出深刻的理解。

同样的道理，如果想看懂一篇关于美国的文章，首先应该掌握一些美国历史的基础知识。

要是你想掌握美国历史的基础知识，我推荐你看面向美国中小学生的教科书，如《美国小学生所学的历史教科书》。书中用小孩子都能看懂的语言，总结了对美国人来说非常重要的历史基础知识。因为我们的目的是学习知识，所以看日语版的也没有问题。

只要能事先掌握一定程度的基础知识，下次再看美国的政治新闻时，你就能理解得更加深刻。

例如，美国在进行总统选举时，各州的胜出者将会获得该州的全部选票（选举人票），这在日本人看来有些不可思议。但是，从美国的历史来看，自独立战争以来，美国的政治体制就赋予了各州一定的权限，这样的设计就是为了避免出现一个中央集权的政体，所以这么做是有其历史原因的。

了解“固定搭配”能扩大你理解的范围

我们应该克服的第二大盲点，就是“固定搭配”。

你在学习英语的时候，是不是总感觉单词虽然简单，但就是念不对，也听写不出来。这可能就和固定搭配有关。

所谓“固定搭配”，就是指用“动词+副词”“动词+介词”这样的组合方式来表达特殊含义的短语，常见的方式就是将很多单词组合在一起。

像“go”“come”这样的基本动词，可以与“up”“to”“into”这样简单的副词或介词组合出无数种形式，但对其具体含义的推测与记忆，却是一件令人头疼的事情。

例如，“All the supporters were pulling for the Japanese team ”这个句子。所用到的单词都很简单，但就是看不懂它想表达的意思。

我想大部分人是被卡在“pulling for”这里了。英语中“pull for”有“应援”的意思。只要你知道了这一点，就能明白这句话想说的是“所有的支持者，都在为日本队加油”（该例句选自RumikoVarnes所著的《简单动词构成的固定搭配问题精选600问》一书）。

还有，我在手机上设定闹钟时，手机会提醒我“Alarm will go off in 5 hours”。这句话的意思是“闹钟将在5小时后响起”，但是说来很惭愧，我最初以为这是在告诉我“闹钟会在5小时后解除”。因为我不知道“go”和“off”这两个简单的单词组合到一起后，会有“启动”的意思，所以之前就会朝相反的方向去理解。

说到“off”，还有像“showoff”（很常见）这样的组合形式。

实际上，在报纸或电视的新闻报道中，经常会用到这些固定搭配，哪怕是会一些英语的人，也不一定都能看懂、听懂。

这些基本的动词和副词、介词组合在一起后，虽然你都能清楚地看见或听见，但就是不明白其表达的具体含义。

固定搭配，往往会被当作惯用句来记忆。但如果将其理解为把基本的动词与基本的副词、介词“搭配在一起”，这就比死记硬背轻松多了。

《英语的基础“介词固定搭配篇”》这本书所附带的CD中，就有针对固定搭配含义的详细解说。

例如，“take off”这个词，是由表示“拿着、带着”的“take”与表示“离开”的“off”组合而成的，因此其能表达“脱、起飞”等含义。听了这些解说以后，再去做一做《简单动词构成的固定搭配问题精选600问》等练习，我们就能更轻松地读懂报纸上的英语表达。

“语法”只有在“阅读”时才发挥价值

我们应该克服的第三个盲点，就是“语法”。

日本的英语教育，常常是为了撰写英语作文而教授语法知识，抑或纯粹地是为了做语法题而去学习语法。但是，语法知识只有在“阅读”英文的时候，才能发挥出其巨大的作用。

其中，最重要的就是“假定式”。对过去的假定或者对现在的假定，我们在学校学的都是使用“if”的假定式表达，但是有些假定式中却不出现“if”这个词。而且，这种不出现“if”的假定式很常见，一不留神就会被忽视。

例如，“I could pass the entrance exam”和“I was able to pass the entrance exam”这两句话。由于“pass the entrance exam”是“通过入

学考试”的意思，所以这两句话往往都会被翻译成“我能通过入学考试”。因为日本的教育，将“could”定义为“can”的过去式。

虽然后一句话中的“was able to”确实有“能够做到”的含义，但是，前一句话中的“could”则是带有一定的假定意味。

因此，前一句表达的意思应该是“（假如让我去参加入学考试）我也能考过”。也就是说，实际上还没有真正去参加入学考试。

关于“would”和“should”，也常有人将其误解为“will”和“shall”的过去式。但是，看到这些助词时不要非想着过去时态，而是应该先将其视作一种“假定”。助词的过去式，在大部分场合都带有假定的意味。

只要你能通过复习参考书了解过去式的用法，你的阅读水平就一定能获得大幅提高。

为什么说在“阅读”中对假定的理解很重要？

那是因为，在假定的内容中往往隐藏着作者真正想传递的信息。

例如，某位评论家在一篇总结性的文章中说道：“柯达公司如果不破产，将会在商业上获得成功。”

这里所说的“成功”，其前提指的是什么呢？是“假如转型到别的商业领域”还是“假如获得政府的救济”，根据假设的不同，我们对这篇文章主旨的理解，也会有很大的变化。在这篇文章中，作者要么是对这些“假设”的内容加以省略，要么就是表述得含混不清，所以读者自己在阅读时，若不去对这部分内容进行探究，就不可能正确理解这篇文章。

但是，如果看到“柯达公司如果不破产，将会在商业上获得成功”这句话，只是简单地将其理解为过去时态，就会忽视其背后隐藏的“假定”意味，也不会想到去推测这些“假定”的内容，这样我们就更不可能把握作者想表达的意思了。

《大学入学考试横山雅彦的英语长文逻辑阅读》是一本非常优秀的复习参考书，包括“假定”在内，其将焦点关注在阅读时常用的“语法”身上。此外，StudySapuri在线学习网站上关正生老师的课程，也会对我们学习语法提供很大的帮助。

轻松掌握“听”的能力

Welcome to the real word. It sucks. You're gonna love it.

（欢迎来到这糟糕的现实世界！不过，你会喜欢的）

——电视剧《老友记》

了解“连读”才能听得懂

英语的“听”和“说”，可谓日本人最不擅长的两个部分。因此，我之前才会说商务人士要提高英语能力，主要还是在“读”和“写”上多下功夫，而“听”和“说”只要能达到一定水平就可以了。

请回忆一下日语中的对话场景。即便是两个日本人在说话，也会由于方言、措辞等原因，有时让人无法听懂对方在说些什么。那么，换成英语也是一样的道理。由于方言和表达习惯的千差万别，导致我们不管怎么努力学习，也不可能掌握完美的英语“听”“说”能力。还有，提高“听”“说”的能力，可不是一朝一夕的事情，必须每天坚持认认真真地做听写和背诵练习。

因此，关于“听”和“说”，我想介绍给大家的，就是如何实现事半功倍的方法。

很多人的英语听力很糟糕，在多数情况下，这是由于欠缺对“连音”知识的了解。所谓的“连音”，就是指某个单词接在另一个单词之后时，其发音会有别于词典上的音标，两个音往往会略成一个音。如“I love you”这句话的发音，并非是“[aɪ][lʌv][juː]”而是“[aɪ][lʌ][fjuː]”。像这样，单词的尾音变弱，与下一个单词的开头音节融为一体，就是“连音”。这种发音现象，会给我们的单词听写造成困扰。

在日本的英语对话课上，缺少对这种“连音”的指导，这可是一个“致命”的问题。反过来说，如果你能清楚地区分出这些“连音”，那么就比大部分的日本人更能准确地听懂英语。

我之前是使用《Hyde法则77条》这本书来学习“连音”知识的，这让我的听力成绩有了大幅的提升。

这本书，创造性地用日语的片假名来标注英语的发音，如“get on的发音就类似日语中的ゲロン[①]”。虽然也有人说这种假名学习法是“歪门邪道”，但实际上，如果要在“ゲロン”和“ゲットオン[②]”中间选择，“英语母语者”的发音确实更加接近“ゲロン”。

① 读作geron 。——译者注

② 读作gettoon。——译者注

集中精力听30分钟的“搞笑肥皂剧”

如果你还想进一步强化英语听力能力，可以做一做《英语听力诊断家》这本参考书上的听写练习。

“听写”，是提高听力的一种训练方法，即将所听到的英文内容，原原本本地写下来。在这本书中，包括“连音”在内，对同化、短促音、变形等发音现象，都设置了专门的章节来进行有针对性的训练，这是其他听力参考书很少会涉及的内容。

在随书附带的CD中，有时长只有1分钟的音频，我们可以利用碎片时间来训练。我回国后，在上班的路上就会使用本书来做听写练习。多亏有了这本书，我的听力能力才有了进一步的提高。

对于学有余力的人，还有一个有效的训练方法，那就是听国外的电视剧。虽说也可以选用电影作为听力素材，但是其时长不利于我们长时间集中精力。而且，电影中还会有很多没有台词的镜头，这对我们来说就是浪费时间了。

我推荐大家看一看那种大约30分钟一集的电视剧，它们不但在内容上不会让人感觉枯燥，而且也能让我们集中精力，坚持从头听到尾。

其中，像《老友记》《生活大爆炸》这种带有现场观众笑声的“肥皂剧”，更是值得推荐。这种搞笑的肥皂剧，哪怕是完全不懂英语的人，也能看得津津有味。而且，在一些视频网站上还能显示出英文字幕，所以刚开始时可以结合英文字幕来看。不过，从学习英语的角度来说，不推荐大家在观看的时候选择日语字幕。

这些肥皂剧的笑点大多源于“文字游戏”，所以我们能体会到措辞和表述上的有趣之处。还有，剧中加入的笑声，相当于是在提示我们“这里说了一句搞笑的话”。我们要不断地预测和反思“为什么这个对话会显得很有趣”，这样在不知不觉间你将会发现，自己也能跟着电视剧边看边乐了。

最终都要归纳为“简洁易懂”的话语

宇宙就是最好的设计。

——诺姆·乔姆斯基（语言学家）

起一个外国人容易叫的“昵称”

提高英语口语能力最有效的办法，就是和说英语的外国人交朋友。

这个时候，我推荐大家“给自己起一个外国人容易叫的昵称”。

一般来说，日本人姓名的发音对外国人来说是很头疼的。像我的名字“Keisuke”，就是经常被外国人叫错的名字。

在欧美国家通常都习惯只称呼对方的名字（而不带姓氏），所以当对方的名字比较难念时，就会让人很犹豫（因为不想念错名字），久而久之就不再称呼对方的名字了。这样一来，双方将很难变得亲近。

因此，不如干脆改变我们自己的名字。

我就将自己的名字缩短为“Kei”，这让我轻松地交到了许多朋友。甚至有时，我在自我介绍时就以“K”来称呼自己。就像“家乐美”公司推出的那款人气商品的宣传语一样，“I'm special K”，立刻就能让人记住，所以有时参加派对，我能和几十个人搭上话。

像俄罗斯人、非洲人的名字，对欧美人来说也都是很难念的，因此在英语文化圈中，这种“缩短名字”的做法十分多见。

以“简洁易懂”为优先考量

不仅仅要让我们的名字简单易懂，在用英语进行会话时，基本上也要尽可能地说简洁易懂的内容。

即使是用日语来进行交流，当就某些难懂的话题，使用了一些不准确的发音或表述时，对方也会感到束手无措。

特别是在日常的会话中，即使你想要“说更加深刻的内容”，也最好还是用笼统一点的表达方式，做到“让日本人以外的人也能大致听得懂”“即使对方只听懂了一部分，也能通过推断来理解我们表达的内容”。

总想着“要表达出日本人热情款待对方的心情”，而使用很多让外国人难以听懂的表达方式，会让对方完全弄不明白我们想要表达的内容（也许只能以微笑来应对）。一般来说，服务水平的优劣，是很难被具体感知到的，所以，这并不像日本人所想的那么重要。

TOEFL考试的口语测试，也是同样的道理。

当在TOEFL考试中被问道“你的兴趣爱好是什么”时，比起回答“我喜欢下日本象棋”来，像下面这样的回答更容易给对方（美国面试官）留下深刻的印象——“我的爱好就是看棒球比赛。特别喜欢看洋基队的比赛”。因为，TOEFL考试主要考查的是考生的英语能力，所以话题选的都是比较简单的类型。

我在美国留学时，每周都会到当地的扶轮社做演讲，而我一直谨记一点：说简洁易懂的话。虽然我的英语不标准，但是几乎所有的出席者都能听得明白，而且也没有给他们留下什么坏印象。

说对方能听懂的话。当你掌握了这项技能以后，连闲聊也会变得很舒服。

前些日子，我接待了一位美国朋友，当时我们就“洋基队”的话题聊了30多分钟（几乎都是他在一直说）。这是因为，“棒球”对美国人来说，是一项受关注度很高的运动。假如我们聊的是“日本象棋”，恐怕这次对话不会超过5分钟。（虽然，我确实是一名日本象棋爱好者。）

想更上一层楼，去专攻翻译吧

当你TOEIC考试能考到800分，甚至是接近900分以后，如果还想让自己的英语能力更上一层楼，那就建议你去报一门“翻译课程”。

为什么是“翻译课程”呢？因为，商务人士所需要的英语能力，主要就是翻译的能力。

请试着回忆一下，用英语工作时的场景。

当你要将本土的客户介绍给海外的上司或客户时，大部分时候是需要将英语翻译成日语来进行说明的，还要反过来再用英语说明日本这边的情况。像这样的场合，如果你能将外国人的发言准确地翻译成日语，接着再将日本人想表达的内容，用英语正确地复述一遍，那么，你在工作中出人头地的机会肯定会大大增加。

虽然，翻译练习也可以靠自学，但是每周学一两次翻译课程，更有助于我们保持学习的积极性。

学习翻译课程还有一个附带（却不可忽视）的好处，那就是能强化我们对时事的理解。

翻译练习所用的素材，大多是CNN、BBC、NHK等媒体上的新闻报道或外国人、日本人的演讲稿，需要我们对其进行日英、英日的互译练习，而在练习的过程中，我们也能对国际政治、国际贸易等知识有所了解。

小国（但却能给国际政治带来影响）的选举结果、对各国经济政策的经济学批判等，这些都是在日本媒体上很难接触到的内容，而通过学习翻译课程，我们则能获得这方面的信息。一流的翻译官都具备渊博的知识和很高的职业素养，所以在翻译课程中听他们授课，这本身就是一种学习。

既能掌握实用的英语技能，又能加强对时事的理解，让今后聊天的话题变得更加丰富。所以，对商务人士来说，翻译课程是一个最佳的学习选择。

专 栏

你能掌握“完美的英语”

我之前说过，长大成人以后再怎么努力学习，也很难说一口流利的英语，但是也有例外。实际上，我认识的几位朋友，他们既不是归国子女，也没有海外留学的经验，但后来都当上了专业翻译。

我问过其中一个人：“为什么你的口语这么棒？”结果他告诉我：“自己很喜欢一位英国歌手，梦想有朝一日能用英语和对方自由交流。所以，就一点点地喜欢上了学英语，一不留神自己就当上了翻译官。”

不仅是英语，对于任何事物，如果我们都漫不经心，很随意地去学习，最后肯定是一事无成。

相反，“头脑中对‘成功’有了一个具体的想象后，就能加速提高自己的能力”。

头脑中对“成功”有一个具体的想象，这是包括英语在内，学习任何事物的必要条件。我自己也曾漫不经心地去学习英语，结果什么也没学会。但是，自从我在头脑中描绘出了一幅未来的景象之后——“TOEIC考试取得高分，短期内学有所成，出国留学，与‘英语母语者’自由交流对话”——我的英语会话能力有了显著的提高。

关于学习英语的“成功”景象，我推荐大家想象“自己一个人去海外旅游”的场景。

重点在于‘一个人旅游”，如果有同伴一起，可能又是用日语对话了。因此，这一点不利于增强“临场感”。

可以假设自己一个人进入英语文化圈，并且要在那里常住。抑或，设想自己住进背包客专用的旅店，要和陌生的外国人交上朋友。这些想象都是非常有效果的。

这些想象会让你对数年后能自由使用英语的“自己”产生很真实的感觉，从而调动你的学习积极性。

05

麦肯锡思维：
把你的知识用起来

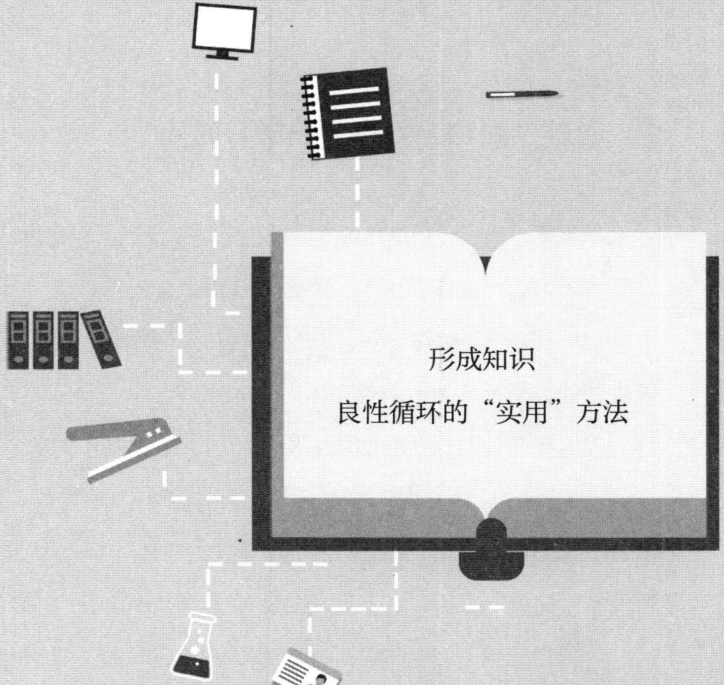

坚持自学的“时间管理法”

时间对善用者亲切。

——亚瑟·叔本华（哲学家）

通过“眼和手”来分配学习时间

在本章，我想说一说在自学的过程中，掌握知识和逻辑思考能力的诀窍。

首先，希望大家了解的一点是，知识可分为两种类型。

能够用语言进行描述说明的，被称作“显性知识”；而不能用语言清晰表述的，则被称为“隐性知识”。大家在自学前一定要充分了解二者的差异，因为我们针对这两种知识采用的学习方法，是不同的。

所谓的“显性知识”，就像政治经济学的知识那样，是指可以通过术语、概念等语言表达加以说明的知识内容。对此，可以简单地做出判断“知道或者不知道”。所以，只需要用眼睛去看就能学会。

“隐性知识”则是指必须通过身体去学习掌握的知识内容。虽然你会骑自行车，但是你却很难向他人解释清楚到底该怎么骑，而对方也很难听明白你的表述。同样，像撰写小论文的方法、英语的听力能力等，我们仅仅了解其原理，是无法得出成果的。必须通过反复不断的训练，通过我们的身体来掌握这些内容。

针对不同类型的知识，我推荐大家有区别地来进行学习。

①对于“显性知识”，每周学习一个科目

②对于“隐性知识”，每天都花5分钟去练习

对于“用眼睛去学的知识”，即“显性知识”，我认为最好能一气呵成地将其掌握。当然，最理想的学习状态，还是用很长的时间，不断地去学习和复习。但是，对忙碌的商务人士来说，要挤出时间来做这件事是很难的。因此，我推荐大家利用周末的时间，进行有针对性的集中学习，如“今天要把日本史B的参考书通读一遍”。

说到这里，就有一个问题。

大家能不能集中精力，保持“一气呵成”的学习状态呢？

比如，我在家学习的时候，总是一会儿发呆，一会儿上网。常常无法集中精力去学习。

在这种时候，应该只带上复习参考书，找一家咖啡馆坐上一整天。实际上，本书中推荐的参考书，都很适合坐在氛围不错、旁边有享受假期的情侣或家庭的咖啡馆里阅读。我有一个朋友，会在周末时专门跑到宾馆开

间房，在那里学习一整天。这样一来，谁都不会打扰他，而且，陌生的空间，再加上金钱的成本这种“罪恶感”，能促使他在学习上更加集中精力。

相反，对于那些“需要动手去学习的知识”，即“隐性知识”，还是推荐大家每天腾出5分钟时间进行练习。

像小论文和英语听力这样的科目，不可能在短时间内就将水平一下子提上来。与其走捷径，不如每天只花5分钟的时间，通过反复练习让自己的身体掌握这些知识。这才是更有效率的做法。

这种学习必须坚持每天都做，所以可以将其与日常的生活作息结合起来，防止自己遗忘。

对于英语听力题，可以“在上班的公交车上做听写练习”；而阅读理解题，则可以“在泡澡的时候花时间做一点”。要把这种学习习惯，融入日常生活中。

一旦养成这样的习惯，当你在泡澡时如果忘记做阅读理解题，就会感觉缺了点什么。而且有了这样的习惯，不用太刻意提醒自己，也能做到每天都进行学习。

还有，我会在随身的手账上记录下自己有没有每天切身去实践“隐性知识”。这就相当于将自己“每天要做的事情”可视化，以此来自我监督。

被誉为美国“开国之父”的政治家本杰明·富兰克林（美国国父也有华盛顿或杰斐逊之说），会将“节制”“沉默”等13种品行写在笔记本上，然后每天监督自己有没有做到。连最受美国人尊敬的政治家富兰克林都需要借助“可视化”的方式监督自己，由此可见，让自己坚持每天都达标该有多难。

富兰克林在他的笔记本上写下了13种品行以便进行自我监督

（摘自《富兰克林自传》〈松本慎一、西川正身译，岩波文库出版〉）

六	五	四	三	二	一	日	
							节制
	*		*		*	*	沉默
*	*	*		*	*	**	规律
	*			*			果断
		*				*	节约
					*		勤勉
							诚实
							正义
							中庸
							清洁
							平静
							纯洁
							谦让

定期“炫耀”你的知识

强化我们所学知识的最好方法，就是“炫耀”它们。“炫耀”的结果，可能会被对方指出我们所掌握知识的错误之处和逻辑相互矛盾的地方。如此一来，我们就能进一步打磨我们的知识和逻辑。

我们拼命学到的知识，也许在他人看来“只是一个外行人在发表不懂装懂的言论”。

但是，这又有什么关系呢?

通过学习，掌握了知识，从而提出自己的假设，再将其“展示、炫耀”出来，然后再丢个脸。

只有努力前进的人，才能收获成长。

重要的是，我们将在这个过程中学到的东西，会变成我们的精神食粮，让我们能对自己的假设进行修正。通过这一过程，我们才能更加接近正确的假设。

留出更多学习时间的方法

要想做到一边工作一边进行自学，就必须在每天的生活中高效率地使用时间，这样才能确保留出时间来进行学习。

下面介绍3种“从忙碌的状态中抽出时间”的方法。

①不要把时间用在“无聊的事情”上

②让你的看和说都“加速”

③要学会“一心二用”

首先，说①“不要把时间用在‘无聊的事情’上”。现在，对大多数人来说最浪费时间的一个地方，就是上网了。我想大家应该都有过这样的经验，不知不觉自己就在网上花了好几个小时的时间。

所以，我们要有意识地不让自己用网络，只有这样才能避免浪费时间。特别是在“出门上班前”和“晚上回家后”这两个原本能用来学习的时间段，我们可以给自己定下死规矩：不准打开浏览器，不准玩手机。

网络上的信息，大多是碎片化且不准确的。时效性很强，但却不利于我们加深自己的思考。

在使用网络时，也不能没有主心骨，应该先在头脑中想好“自己想了解什么信息”“该去哪个网站上查询”“需要将信息收集到何种程度”，然后再去打开浏览器。一定要防止出现毫无目的地随意浏览的情况。

其次，是②“让你的看和说都‘加速’”。要想高效率地利用有限的时间，就需要将你的各种行为“快进”才行。

例如，看电视的时候，使用“快进”功能。

虽然夸张地说，不看电视也没有问题，但电视上还是有一些不错的节目的。

特别是电视大学等频道，它们会播放很多高质量的节目。但是，即便是我很感兴趣的节目，我也不会守在电视机前等着看首播，而是会用录像机录下来，之后有时间了再看。一般的电视节目为了照顾整个收视群体，会把节奏放得很慢，所以我们完全可以先录下来，等事后再以2倍的速度回放。

对于一些娱乐节目，同样也可以先录下来。到自己比较感兴趣的片段时，再放慢观看，而枯燥无聊的段落则可以用2倍的速度直接跳过。这样一来，我们能省下不少的时间。

还有，为了高效率地使用时间，你说话的速度也可以“快进”。

在工作中，最花时间的就是开会和讨论了。对于大型会议，我们无法缩短其时长，但是对于小部分人之间进行的讨论，我们可以事先整理好要点，然后以很快的语速说完。这样的话，一般的议题只要30分钟就能讨论完。

如果能用一半的时间，就搞定以往要花1个小时才能讨论完的内容，那么我们就节省了不少的时间。

你看过辩论比赛吗？一般优秀的辩手，发言的语速都非常快。为了在很短的时间里将带有大量信息的辩词全部说出来，所以他们不得已而为之。另外，说话时的语速稍稍快一些，也会让他人觉得你“很聪明”。

最后，来说说③“要学会‘一心二用’”。

为了有效地使用时间，我们还必须学会同时做不同的事情。

例如，在干家务活的时候，不是简单地操作吸尘器，而是一边听着CD机里播放的外语，一边来大扫除。这样就等于是在同一时间里，完成了两件事情。除此之外，你还可以在上班、上学的路上学习，或者在泡澡的时候看书。

麦肯锡出身的某知名女评论家，就说过“（在做咨询顾问时）常常是一边接打工作上的电话，一边还在做饭”。（此事的真假尚不得而知）而我也经常使用手机的免提模式，这样可以解放我的双手，当电话那头的人在思考时，我就可以利用这点时间做自己的事情。

所以，大家在做家务或日常性的工作时，也试着同时思考一下别的事情。

用“资格证书考试”的试题册来打磨知识

我的准备工作，就是排除任何会成为借口的因素，

为此，我要熟练掌握所有能想到的东西。

——铃木一郎（职业棒球选手）

不参加考试的“资格证学习法”

虽然通过大学入学考试的参考书，就能掌握商业场合所需的基本知识。但是由于职业的不同，大家可以再去看一看“司法考试、注册会计师考试、税理士考试”等资格证书考试的试题册。一路看到这里的读者应该会知道，在应试复习用的试题册中，往往浓缩了该领域最为重要的知识。通过这些试题册，我们能高效率地学习知识。

律师荘司雅彦也出版过很多有关“学习方法”的著作。他说过这么一段有意思的话：“实际上，我是在做公务员考试的经济学题目时，才真正开始了解经济学的。”（摘自《快速出成果的超级学习法》，讲谈出版社）

对于一般的商务人士，我推荐大家了解的资格证书考试有以下几个。虽然我们没有必要真的去参加考试，但还是希望大家能看一看这些考试的基础参考书和试题册。

·证券分析师资格考试

证券知识对于我们的个人资产管理来说是不可或缺的，而证券分析师资格考试网罗了经济学、会计规则、金融工程学等多种基础知识，所以推荐大家了解一下。

对专业性要求较高的“复试”可以暂且略过，我们只学习掌握针对“初试”的基本内容就可以了。《一次性考过“证券分析师”的应试策略汇总》这本参考书中的内容就非常系统、全面。

·税理士资格考试

无论是个人，还是公司，其收入的相当一部分都会被征税。因此，了解税收的原理，对我们做个人规划或理解企业的会计制度，都是很重要的内容。税理士资格考试主要分为会计类（财务报表、簿记）和税法类（所得税法、法人税法、遗产税法、消费税法、酒类税法、国税征收法、居民税、事业税、固定资产税），共计11个科目。虽然可以都学一学，但首先还是应该学与自己工作有关的，或者比较感兴趣的。

如果你从事的是管理类的工作，那么就可以参考一下“簿记”和“财务报表”方面的知识。《大家都想要！税理士簿记教科书与问题集》这本参考书提供了具体的问题和详细的解说。

·司法考试

在工作和生活两个方面，法律对每个人都做出了规定。学习一些民法和刑法知识，能避免自己碰上不必要的纠纷，或是能在遭到不当逮捕时保护自己。而商业法对于股份公司以及企业治理等方面都是非常重要的。学习宪法，则能让我们在维护选举权、人权等方面，更加具有问题意识。

参考书可以看伊藤真的“入门系列”。特别是学习了政治经济学知识以后，你会更容易理解其内容。

从简单的领域入手

以上所列举的这些资格考试都是很有难度的，光是看复习参考书就要花很多时间。不过，也有一些比较重要的资格考试，不需要学太多的内容，短时间的学习就能通过。

例如，“商务文书考试”。通过该考试的复习试题册，我们能掌握很多“商业场合不可不知”的商业礼仪知识。特别是在撰写商务文书时，如果用错了敬语，有时甚至会招来客户的投诉。因此，我们应该事先好好地学一学这些知识。

我们年轻的时候，还可以从上司那里获得商业常识上的指导，甚至一边被骂一边学习。但是当自己的年龄到了一定程度，这种学习机会就变得很少了。如果我们在商务文书中犯了敬语表达上的错误，对方就会觉得“他怎么连这个都不知道”，从而失去对我们的信任。

而“商务文书考试”，考查的就是在撰写商务文书时所必要的敬语知识，以及“感谢信”的书写方法等实用技能。掌握了这些知识，我们能在商务场合上更加得心应手，不会再给客户发内容失礼的文章，行文时也不会再犯常识性的低级错误。

虽然像“感谢信”这样的文书并不会经常用到，但在商业场合经常使用的尊称，如“阁下”，则是通用的。

只需要学习商务文书考试的知识，并在手边放上一本参考书，我们就能写出高质量的文章。

资格证书考试的学习可以拓展各种知识

这里，再来介绍一些与“商业”无关的资格证书考试。

日本每年都要举行各种资格证书考试。有的人将“考取证书”这件事本身当成了自己的目标，会去考很多的资格证书。人们常常揶揄这类人，说他们是“证书爱好者”。但是，即使是作为一种爱好，通过“资格证书考试”给自己设定一个明确的目标，然后高效率地学习知识，也是很不错的学习方法。这里，我说一些自己之前参加“资格考试”的例子，供大家参考。

·葡萄酒品酒师资格认证

我几乎从来不喝葡萄酒，但是人们常说“葡萄酒的历史就是人类的历史”。实际上，葡萄酒可谓是世界上最古老的一种酒。让自己事先了解一些关于葡萄酒的知识，当和欧洲人或喜欢喝葡萄酒的日本人（很多企业的经营者都喜欢葡萄酒）聊天时，你就会更加自如。

·麻将职业考试

我觉得麻将是所有棋牌游戏里，最深奥的一种。麻将打得好的人，其计算能力、记忆力等通常也都是出类拔萃的。我一直觉得堀江贵文[①]和胜间和代[②]，都是麻将高手。

·微软办公软件国际认证（MOS）

这是一项考查用户对Excel等办公软件基本操作能力的考试，它也涉及一些编程的内容。事先掌握这些有关电脑的基本知识，有助于我们提高工作效率。

我的一位金融工程师朋友，就曾经开玩笑地说：“会编程的话，5分钟就能搞定工作，为什么大家还要花一整天的时间去做？”由此可见，是否知道这些知识，是有很大差别的。

① 日本知名门户网站Livedoor的CEO。——译者注

② 独立经济评论家，19岁时通过日本注册会计师复试，创下日本史上最年轻纪录。——译者注

让自己“显得聪明”的三个方法

人们常说“偷师学艺”，那可真是胡说八道。偷师的人自己也得有底子啊……

此外还要投入时间。因为说这话的人没有逻辑思考能力，所以才会这样乱说。

——立川谈志（落语家）

“让自己显得聪明”很重要

目前为止，我们介绍的都是如何让自己变得很聪明的方法。但实际上，“让自己显得聪明”也是很重要的。

要想变得聪明，就必须平时不断努力。然而，要想“让自己显得聪明”，只需要转换一下思维模式，就能立马做到。而且，这种思维模式的转换，并非是简单地不懂装懂，其本质也是一种商业技能。

例如，咨询顾问所面对的客户都是企业的经营者，他们几乎都是所在行业里的“专家中的专家”。面对这样的对手，作为咨询顾问我们的工作就是“指出问题点或创造新的价值”。但是在此之前，在我们与客户见面的短暂时间里，能否让其产生“这家伙很能干”“此人值得信赖”“想与这个人一起共事”的感觉，才是决定成败的关键。

说得俗一点，只有在最开始的阶段让对方感觉“这家伙很聪明”，我们才能进入到下面的环节。如果让对方感觉“这家伙不行”“你像个笨蛋”，那么这场生意也就到此为止了。这不仅限于商业咨询顾问这个行业，世界上任何一门生意都是如此。

初次见面的时候，就要在很短时间内，让对方感觉到这个人“很聪明”“很能干”“值得信赖”。这对任何行业来说，都是至关重要的一项技能，而麦肯锡公司的顾问们，可以说在施展“这一技能”方面，表现得格外优秀。我相信，你身边也一定有具备“这一技能”（即一瞬间就让对方认为他很聪明的技能）的人。

那么，到底该怎么做，才能让别人觉得你“很聪明”呢？

我在麦肯锡公司工作期间，发现这些人原本就是比较优秀的。但是，谁也不是天生就具备“在一瞬间，让对方觉得他很聪明的技能”。

实际上，无论是应届的毕业生，还是中途跳槽进公司的人，进入麦肯锡工作一年后都曾痛感“自己为什么脑子这么笨”。已经做到合伙人级别的一位同事，就曾对我说：“我当时对自己的能力感到很失望，甚至还患上了精神疾病，不得不长期休假。”我大吃一惊，原来大家都有过类似的感觉，只是程度不同而已。

但是在转变了思维模式之后，几乎所有的咨询顾问都掌握了“麦肯锡式”的说话方式与思考方式，同时也获得了客户的信任。

一个人面对什么样的对象，才会瞬间产生“那个人很聪明”“他看起来很精明”的感觉？在接触了以麦肯锡公司为代表的很多优秀的商业咨询顾问以后，我觉得他们主要集中体现了以下3点。

①不会顺着对方的话说

②会用“原本……”这样的表达方式

③能用一句话进行总结概括

每次遇到这种人，我们就会感觉“他很聪明”。

那么，为什么会有这种感觉呢？下面我就来一一说明。

有能力的人“不会顺着对方的话说”

首先是“不会顺着对方的话说”这一条。

当然，这里所说的“不会顺着对方的话说”，并不是单纯地对对方的意见唱反调或抬杠。而是指要提出质量很高的对对方来说很有说服力的反驳意见。

任何人，都有思维定式和思维盲区，所以适当的反驳意见，常常让人有“新的发现”。为了提出高质量的反驳意见，重要的是我们要有敢于反对对方的勇气。

我第一次强烈意识到“不顺着对方的话说”的重要性，还是在芝加哥大学留学的时候。当时，给我们上课的是因准确预测“雷曼事件”[①]而在世界上名声大噪的拉格拉迈·拉詹教授。

作为讲课过程中的一环，我们需要就“某个实际企业应该施行怎样的外汇战略”来进行讨论。对教授所提出的一种方案，需要在座的所有学生举手表决。我当时选择的是“反对教授的意见”。

等我举起手以后才发现，全班投反对票的只有我一个人。当时我内心想的是，“完了。只有我一个人错了。而且对方还是世界闻名的经济学家。太丢人了……”但为时已晚。

可是，接下来拉詹教授对所有人说的话，才让我震惊。

“大家看看，只有这位才是真正的领导者。不管是面对大多数人，还是教授，他都坚持认为自己的想法是正确的。这是成为一名领导者所必备的素质。之前我说的内容，也不是正确的。反对意见也有其合理性。所谓的现实问题，就是这样让人难以做出判断的事情。”

从那以后，即使只有我一个人有反对意见，我也会不加掩饰地提出来。在日本，“不顺着对方的话说”被视为一种不好的行为。但是，不仅在商学院，包括后来在麦肯锡工作时，我都会勇敢地提出反对意见，并把这当作自己的一个武器。我把别人用英语说“He（She） is different［他（她）跟

① 2008年，美国第四大投资银行“雷曼兄弟”由于投资失利，在谈判收购失败后宣布申请破产保护，引发了全球金融海啸。——译者注

别人不一样］”，当作对自己最大的褒奖。

“原本……”是视野开阔之人的口头禅

让人觉得你很聪明的第二个特征，就是会用“原本……”这样的表达方式。

在适当的时机，使用“原本……”这样的表达方式，能给予参与讨论的成员新的发现与视角。

优秀的咨询顾问，会在大家热衷于讨论方法论的时候提出“原本，我们做这个项目的初衷是什么”这样的问题。这一句话，常常能让讨论者的思维和视角焕然一新。

通过“原本……”这样的观点，能让人们后退一步，从而以一个开阔的世界观来思考问题。

像这样，通过思考“原本……”我们能重新审视前提条件（或者将其推翻重来），这在麦肯锡内部被称为“step back”。在一个项目小组中，能用“原本……”思维进行“step back”的人，往往被认为有很高的存在价值。

我在芝加哥大学留学时，曾与其他日本同学一起，打算组织同年级的几十名外国同学，来一趟日本之旅。

大家都在一起讨论这次旅行要带外国同学去哪里。但是，意见不统一：“说到日本的话，当然还是要去京都看看。”“由于时间很短，所以只在东京逛逛不是也很好吗？像秋叶原这样的地方，外国人不是也很感兴趣吗？”“不如像其他学校一样，一起去甲子园看看。”一时间意见很难达成一致。

这时，某个同学发言问道：“原本，通过这次旅行，我们真正想做的是什么呢？”接着他又说道，“如果只是单纯以‘休闲度假’为目的的话，那就没必要跑去遥远的日本，像墨西哥‘坎昆’这样比较近的地方，不是更好吗？如果是为了吃日本料理，在纽约和芝加哥也能尝到。但是，也许他们这辈子都不会再到访日本了。所以，我们应该带他们去那种只能在日本才能体验到的地方。”

大家的视角因此转变成了“是啊，我们必须思考最初的目的”“要基于目的重新规划旅程”，他这一席话瞬间就改变了讨论的大方向。

再举一个令我印象深刻的例子。任天堂公司与专门制作智能手机游戏程序的DeNA公司达成业务合作时，网上就“任天堂是否应该进入手机游戏市场”掀起了热烈的讨论。其中，有的人认为“应该进入”，也有人表示“最好收手”。

这时候，堀江贵文就在网上发了一个帖子，他风趣地说：“原本，任天堂就应该制造智能手机才对啊。既有内容优势，又有技术实力，像智能手机这种简单的产品，很容易就造出来了啊。”

这也是通过“原本……”的表达，来推翻前提条件的一个例子。我感觉通过这样的一句话，就能让之后的讨论提升一个层次。

我并不是说“要故意表现得与他人不同，说一些奇怪的内容”，而是通过“原本……”这样的表达方式来对讨论的前提条件进行质疑，这才是进行讨论最重要的方法。

像这样，使用“原本……”的表达，对前提进行质疑，从而改变视角，带来全新的想法。这才是让人觉得你很聪明的地方。

聪明人总是能“用一句话总结概括”

此外，能将各种观点意见“用一句话总结概括”的人，也会给人留下“很聪明”的印象。能在讨论中，做到用一句话进行总结，这本身就是一件很有价值的事情。因为，这能让人抓住问题的本质，从而在之后的讨论中得出丰硕的成果。

我在前面说“在讨论的过程中，要向对方提出反驳”时，重要的是先进行“分解和梳理”。这里的“分解”实际上就是所谓的“具体化”。也就是说，针对之前社长与咨询顾问之间讨论的模糊抽象的话题，举出具体的内容。

反之，“用一句话总结概括”就是将具体内容抽象化的操作了。

池上彰就是熟练掌握“用一句话总结概括”技术的达人。在他的《大人的教养》一书中，他就写道“所谓教养，就是‘对自我的了解’”。这就是池上君最厉害的地方了。他将“教养”这么一个如此宽泛的概念，用简单的一句话就说清楚了。

我想，几乎没有人不知道“教养”这个词。但是，如果被人问道“能否说说何谓教养”时，恐怕很少有人能准确地回答上来。即使勉强说出来，也是像“所谓的教养，应该是包含了哲学、文学，宇宙乃至编程各种知识”这样毫无要点的内容。

而池上君仅用一句“所谓教养，就是对自我的了解”就完全概括了。

而且，在后文中他还提到“为了实现对自我的了解，需要学习这七大类的知识”，由此对问题进行分解（具体化），引导读者的思维。这样的表述方式既简单易懂，又显得非常绝妙。

又如，请回忆一下你最近阅读过的经管类书籍。你能否用一句话概括出那本书的主要内容？这就需要你具备“用一句话总结概括”的技能了。

这种技能在很多场合都是非常必要的。

· 如果让你用一句话概括你做的生意，你会怎么说呢？

· 你能用一句话说明你在组织中承担什么样的角色吗？

· 能否用一句话说清楚，你提供的商品或服务，在整个市场上的优势是什么吗？

在商业场合，经常会遇到上述这样的问题。聪明人，或者说优秀的人，都能够用“一句话”回答出来。

虽然有时也需要进行补充说明，但首先还是要能做到“用一句话总结概括”。既然是总结，当然也就附带着进行详尽说明的责任。但是，同这种风险相比，能够抓住事物本质的人，能给周围的人留下“聪明”的印象，这就是作为商务人士的价值所在。

商业咨询顾问的“口头禅”

实际上，“不会顺着对方的话说”“用‘原本……’的表达方式”“用一句话总结概括”，都是麦肯锡商业咨询顾问们的说话特点。

麦肯锡的顾问们，常常将“我不那么认为”“原本……”“一言以蔽之就是……”等作为自己的口头禅。

特别是，他们动不动就会表示“我不那么认为”。倒不是因为大家性格乖僻，而是所有人都有一个共识，那就是“反驳是一种义务”。

“反对”不是权利，而是应尽的义务。

简单来看，这是一个严苛的原则。要想对对方所说的内容进行反驳，必须具备相应的知识，此外还必须在逻辑上能说服对方。抓住事物的本质，然后提出在逻辑上站得住脚的反对意见，这可比简单地表示“赞成”要困难得多。

咨询顾问们在工作的时候，如果一味地只是说“社长，您说得极是”“正如您所说的那样”“我也是这么想的”，那他就没有存在的价值了。

因此，哪怕是有和对方非常相似的想法，只要在细节上存在差异，也必须勇敢地将其说出来。这种敢于反对的勇气，能体现出作为一个商务人士的附加价值。

麦肯锡的顾问们还会经常将“原本，这项工作是有必要去做的吗”“那件事，用一句话概括是什么”挂在嘴边。有时，我在就一件自己好像很懂的事情发表观点时，被对方这么一问，就哑口无言。也就是说，“自己并不是真的很懂”。

当我还是一个新人时，每次遇到这种句子都直冒冷汗，不得不想办法用自己的语言去总结概括。我感觉，在这个过程中，我的思考和分析能力得到了进一步的提高。

现在、立刻！提高周围人对你的“评价”

在台上，要觉得自己是最棒的。

在台下，要觉得自己是最逊的。

——艾瑞克·克莱普顿（音乐家）

周围的人何时会感觉“这个人不行啊”？

有的人，能在一瞬间就能让人感觉“这家伙很聪明”；有的人，寥寥几句，就让人感觉“这家伙不行啊”。如果你给他人的第一印象很糟糕，那么之后想要再去颠覆这个印象，就会特别困难。

给人留下糟糕印象的人，主要有以下几个特征。

①害怕受到批评

②在开会时保持沉默

③总是在说“很难”“我不知道”

工作中很能干的人，往往也会树敌很多。

我自己就在好几家公司中，见到过这种树敌较多但是工作上又颇有作为的人。

那么，为什么他们有这么多的“敌人”，却又能干出一番事业呢？

有很多的“敌人”，反过来说也就意味着其无惧批评，能够明确自己的位置与主张。而没有主见的人，是很难有进步的。

另外，“害怕受到批评”不想被他人讨厌的人，往往就不会坚持自己的主张，对谁都摆出一副好脸。这样八面玲珑的人，也许在工作上很少失败，但也几乎不会得到较高的评价。从长远来看，他们也很难做出一番事业来。这种交谈不会变成激烈的讨论，因为话题不可能向前推进。

所谓的“领导者”，不能做一个“好好先生”。其必须是在出现问题的时候，果断指明方向和手段的人。

我在麦肯锡工作时，有一位合伙人的话让我深受感动。当时已是深夜，咨询顾问团队的内部讨论陷入了僵局，大家总结出来的提案，与客户原本的意图截然相反。

这时某个顾问就当场提出：“我们真的应该把这份截然相反的提案交给客户吗？”一时间大家都沉默了。此时，这位合伙人说出了下面这段话。

“拿出这份提案，也许会招致客户的反感。甚至，还有可能失去我们的客户。可是，如果这是我们作为职业顾问拼尽全力所能想出的最佳结论，那我作为团队的负责人，就不会有一丝后悔。也许需要一些时间，但是我相信，我们的客户会意识到‘麦肯锡的顾问当时所说的是正确的’。”

不基于个人的喜好，而是拿出真正对客户来说有价值的提案——这就是一个专业咨询顾问的职业道德。他的这番话我一直铭记在心。

即使是错误的，但只要我们拼尽全力去做到最好，那么就要果断地做出决定，这样的人才配称为“领导者”。

原本这个世界上就没有100%的正确答案，当然，也不存在“100%的错误决定”。正确与否，都应由历史来检验。

在商业场合“保持沉默的人”是毫无价值的

在商业场合中，参加会议或讨论的人，其存在的价值体现在哪儿呢？

我觉得，首先体现在“发言”这件事上。

大声地说着反复空洞的话，固然也是一种问题，但是即便如此，也好过完全不发言。如果总是一言不发，就无法向在场的其他人提供价值。

哪怕发言的内容是错的，但是只要你发言了，就有可能让与会者找到新的关注点。从这个意义上来说，一言不发的人坐在会议室里是毫无价值的。

咨询顾问们往往倾向于做一些极端的、简单的发言，如“遇到这种情况，应该这样做”“你刚才说的内容是错误的”“可选项只有A这一个”，等等。其结果，就是让讨论得到了深化，即使是一种错误的假设，最后也会变成有价值的假设。坚持自我立场的主张，才能得到周围人的赞成或反对。

话虽这么说，可“发言”这件事也是需要勇气的。人们很容易陷入不安，害怕“万一自己的观点是错误的”“如果说了错话怎么办”，还有不少人顾虑的是“我对自己的想法没有自信，说出来害怕被他人笑话”。

老实说，我在刚进麦肯锡公司的时候，也是同样的状态。

我推荐大家用疑问的方式来挑起话头，如“刚刚你所说的是××这个意思吗”“我想问一下”等。

用这种方式发言，就不用担心“自己的观点被否定”了，而且这样也很容易引起大家的思考，从而进行更加深入的讨论。

“很难”“我不知道”这些话不要说

会让他人感觉“这家伙不行”的第三个特征，就是“总是在说‘很难’‘我不知道’”。

如果你想给他人留下“聪明”的印象，那就绝对不要说“很难”“我不知道”这样的话。本来，商业上的课题，对每个人来说都是很难的，都充满了未知。所以才要通过“讨论”，把这些“很难”的内容，最终变成“了如指掌”的内容。

经常说“很难”或“我不知道”的人，在大多数情况下，会把“信息不足”“经验不足”当作自己的借口。这种时候，我就总是在想：“难道你有了信息和经验，就能想出办法了吗？”

当下技术和环境正在发生着令人头晕目眩的变化，企业和个人所面临的问题也正变得复杂化，“因为与过去的案例完全相同，所以只要沿袭之前的做法就能解决问题”，类似这样的情况早已不存在了。即便如此，我们为了解决问题，还是得在有限的信息和经验中，融入我们的智慧，给出自己的意见。

那些口头禅是“很难”“我不知道”的人，现在就立刻改掉它们。当你想要发表某些意见时，取而代之的是“依据目前的信息，可以想到的是……”“也许不太正确，但是我还是觉得……”这样的表达。只有这样，才能提高周围人对你的评价。

专 栏

通过MBA的“入学小论文”来规划职业生涯

比起念MBA的留学经历，撰写MBA的入学小论文会对我们更有帮助。MBA的入学考试并不像日本的大学那样要考很多的科目，而是要提交“Essay”（论文），也就是要求你就与自己职业相关的内容，写一篇小论文（通常要针对给出的问题，在Word程序里写1至2页的内容）。

通过这篇文章，商学院就能了解到“这个人有着怎样的职业规划、有哪些优势和魅力、毕业后又会如何发展”等。

而MBA的考生，也可以通过撰写这类文章，来明确自己的“价值观、动机背景、事业目标”等。

刚开始如果写不好，可以找专门的老师辅导，或者写好后给朋友看，请他们给出反馈意见。这样一来，就能逐渐地明确“在自己的职业生涯中想做什么，不想做什么”。

为了规划好自己的职业生涯，我推荐大家一定要尝试着写一篇这样的小论文。

如果没打算真的去参加MBA的考试，那就没有必要用英文来写了。我们要用自己的语言来梳理自己的思考和经验。

下面，我们来看几个世界顶级商学院出的真题。

"你的短期目标和长期目标各是什么？为什么你觉得为此有必要来念MBA课程？"（达特茅斯学院塔克商学院）

其中MBA的部分与我们没什么关系，但是对自己的目标进行思考，倒是一件非常有意义的事情。在明确了自己的目标以后，才能知道自己接下来应该具体去做什么。

我的一位熟人在银行上班，事业一帆风顺。但是，当他开始思考这一问题时，他意识到自己真正想做的并不是在这种大型单位里上班，而是去创业。于是，他在取得MBA学位以后，便辞职去了一家创业公司。

"对你来说最重要的是什么？以及理由是什么？"（斯坦福大学）

这也是一个既简单又困难的问题。"最重要的"的东西，未必只能是你的事业。包括家庭、金钱、爱好等在内，我们有必要将自己人生中"最为重要的东西"明确下来，从而思考如何将其与自己的事业关联起来。

"说一说你所体会到的重要领导力。并且，谈一谈你希望通过学习MBA课程，让自己在哪个领域发挥出领导能力。"（西北大学凯洛格商学院）

领导力，并不是只对一部分政治家或经营者提出的要求。通过阅读MBA考试合格者的论文，你会发现"日常生活，也能发挥出一个人的领导力"。例如，某人在他的文章中，就提到了在办公室里决定清扫厕所的值日安排时，为了不让成员产生不满情绪自己是如何说服他们的。

虽然这只是一件小事，但是，如果在日常生活中，就能发挥出领导能力，那么将来给予他更大的权限时，其所能发挥出的领导能力，会变得更强大。何谓“领导力”？自己是如何发挥这种能力的？认真思考这些问题并写成文字内容，能对自己的事业或工作方式有更多的新发现。

“你从失败中学到了什么？”（哈佛大学商学院）

人们常说“失败乃成功之母”。“优衣库”的柳井正社长也在他的《一胜九败》一书中提到，没有哪个成功者未经历过失败。

重要的是，你是如何看待“失败”的？并且，如何将其与未来的成功相联系起来？回忆自己的失败，确实是一件很困难的事情。但是，只有这样我们才能获得成功。

在撰写小论文的时候，我推荐大家看一看《哈佛MBA合格者的文章》（该书已绝版，但在二手书店仍可买到，或者去网上购买其英文原版书*65 Successful Harvard Business School Application Essays*）这本书。

不仅仅是哈佛大学，当我们一听到“MBA学位获得者”时，能想到的都是那种“跳级从大学毕业，进入投资银行工作，在公司内也是很快就出人头地”的人吧。

但是，这些合格者的小论文，大多写的是平凡的事例，比如之前所举的“决定清扫厕所的值日安排”这样身边的事情。所以，在这些文章中有很多我们可以学习和借鉴的地方。

后 记

书中的“知识”也不是绝对的

至此，我们已经介绍了如何利用考试的复习参考书来掌握商业上的知识和逻辑思考能力。

“知识”和“逻辑”可以成为商场上强有力的武器。但是，也希望大家能注意一点，那就是“参考书上的‘知识’也并不一定完全正确”。

一个极端的例子，就是有关日本史的内容。

所谓的“历史”，不过就是“眼下被认为是正确的内容”而已。现在教科书中所写的历史，至多只能说是现在最正确的一种“假设”罢了。

前一阵子，官方将镰仓幕府的成立时间从1192年变更为1185年，这件事还引起了热议。但是，不管是1192年，还是1185年，这些都只是历史学家们争论“幕府成立年份”的一个结果而已。原本，日本那个时候就没有采用西历。所以，源赖朝[①]也从来没有说过“要在1185年成立幕府”。

还有一点需要大家留意，历史都是由“胜利者”或者说“现代人”的视

① 日本平安时代末期至镰仓时代的武将、政治家。镰仓幕府首任征夷大将军，也是日本幕府制度的建立者。——译者注

角来写成的。

例如，织田信长发起的“烧讨比叡山”事件，常常被现代人理解成是残酷至极的历史事件。你是不是也想起了“毫无抵抗能力的和尚们被虐杀”的场景？①

但是，当时的寺院实际上也是一种武装势力。织田信长和德川家康都几次经历过被“一向宗”②的组织逼到绝境。因此，出于对佛教势力的恐惧，德川家康决定将日本佛教在历史上的地位弱化，将其描述成只会参加葬礼的组织。

在大河剧中，也经常会出现残忍杀害男女老少的“烧讨比叡山”场景。但是，我希望大家明白，只以现代人的印象来理解历史，将是十分危险的事情。

---

① 信长军的暴行：元龟二年九月十二日，驻军在南近江守山金之森的织田信长召开了比叡山进攻方略的会议。沉浸在往日荣光中的比叡山僧众丝毫没想到，信长锁定的标靶正是他们。就在那一夜，信长军突然进攻，没有半分准备的比叡山延历寺只能任人宰割，山门领内包括延历寺根本中堂、日吉社三王二十一社，以及诸佛像、灵社、僧坊、经卷都在被炽热的火舌猛烈地吞噬中化作飞灰。火攻之后不久，信长的大军从四面八方攻入，信长的军队见人就杀，无论淫恶僧侣还是高僧智者都被挥刀斩杀，而那些收在寺中的美女俊童被捕后，也一个个地在信长面前首级落地，4500间庙舍化成灰烬，死了约3000人。——译者注

② 佛教的一个宗派。一向宗门徒素来以强大的宗教向心力、舍命杀敌的战斗模式著称，甚至形成过自治组织，自成一国。——译者注

没有100%正确的“逻辑”

“逻辑”也是有其界限的。

逻辑，不过就是从客观事实中推导出的“假设”而已。也不存在“100%正确”的逻辑。因为，逻辑的正确程度都是相对的，无法被所有人验证。

我们应该认识到，虽然是同一个事件，但是基于不同的逻辑，就会产生不同的看法。正因为如此，才会有“辩论”这样的比赛。一个优秀的辩手，能够针对给出的命题，提出同时对正反双方都很有说服力的观点。

反过来说，也不存在绝对完美的“逻辑”。所以，依据“逻辑”去把握绝对的真相，是不可能的。本书中也提过，即便是像天才物理学家爱因斯坦这样的人，也无法基于“逻辑”否定当时新提出的量子力学理论。其最终不得不祭出谁都无法肯定或否定的“上帝”，这才有了那句名言，“上帝从不掷骰子”。

即使是在被称为纯粹逻辑体系的“数学”中，也有通过“不完全定理”来否定“逻辑完整性”的例子。

为何还要学习“知识和逻辑”？

知识也好，逻辑也好，都是有其界限的。而且，无论何时都无法突破这种界限。但重要的是，我们首先应该让自己学到能理解这种界限的程度。只有充分了解了其“形式”，才有可能催生出“破形的思维”。

落语家立川谈春为了纪念其师父立川谈志，写过一篇名为《红鳉鱼》的文章。文中有一节引用了立川谈志对刚刚晋升为“二目”的立川谈春等四人的告诫。①

“‘二目’考核的是掌握的落语数量、内容，即技术的层面。（中略）往后，各位就要在其中加入自己原创的内容，虽然（你们四人）目前还做不到这一点，但是要心向往之。”

立川流派晋升“二目”的标准，先是“完整地掌握50个段子”。而下一个阶段所努力的目标，就是在这50个段子中融入自己的特色，只有这样才能成为“真打”。

我在本书中表达的也是同样的意思。大家先要掌握最低程度的“知

① 在日本的“落语”体系中，初出茅庐的弟子一般被称为相当于学徒的“前座”。经过多年的训练和苦修，背诵了一定数目的段子，才艺达到师父要求的水准之后，师父会对弟子进行一场考试。若弟子通过测试，则升为“二目”，即中级落语家。而更高级的则是“真打”，也就是高级落语家。——译者注

识”和“逻辑”，然后，再在其中加入每个人的独立与想象，不过这些都是后话了。

某种意义上，我自己也正在经历着“二目晋升的考核”。那就是，将迄今为止我所发明的学习方法体系化，并推广到社会上。

如果本书能唤起读者的行动，能够为日本乃至全世界的发展做出些许的贡献，那么我这个作者将会感到喜出望外。

致　谢

首先要感谢我曾经的室友，出版代理商古屋荘太。是他在跟我闲聊的时候，劝我“将你的学习方法，写成一本书”，那还是2014年年底的事情。当时，我接到现在工作的这家投资银行的“跳槽”邀约，正在考虑要不要从麦肯锡辞职。在麦肯锡工作的经历改变了我的职业观和人生观，我一边回顾着这些往事，一边跟大学时代的朋友古屋君聊天。其中，也提到了自己发明出来的“利用大学入学考试参考书”的学习方法。

但是没想到，将自己在商业场合使用的这种“参考书学习法”总结成文字，所花的时间竟然比想象中的还要多。在这个过程里，还必须感谢两个人，没有他们这本书就不可能呈现在大家的面前。他们就是跟古屋君一起鞭策鼓励我，并给我很多建议的Diamond出版社的三浦岳和饭田哲也。我要借此机会向二位表示感谢。

还有，为了将我发明的“自学法”变得通俗易懂，而给我提出建议的各位同事、朋友以及家人，我要感谢你们。虽然没办法列出所有人的名字，但我还是想对津田拓也、岩田真吾、丸山由莉、森田纱枝等咨询顾问，砂川伸幸（京都大学）、伊藤公一朗（芝加哥大学）、三浦秀之（杏林大学）等专家学者，以及岛村武史、米盛勇哉、福田隆介等年轻的商务人士表示感谢。谢谢大家给我提出了很有帮助的建议。此外，翻译家阿部哲夫也提出了宝贵的建议。还有在百忙之中阅读书稿并撰写推荐语的佐藤优先生，在这里我要对您表示由衷的感谢。

最后，我还要对我的爱犬Meri（蝴蝶犬，7岁）表示感谢。虽然我每天忙于本职工作和撰写书稿，但是它总能让我干净利落地起床（每天早上5点我就要给它准备狗粮）。我决定以后给它买更贵的狗粮。谢谢。

侍留启介

图书在版编目（CIP）数据

逻辑思维是训练出来的 /（日）侍留启介著；金磊译. —北京：中国友谊出版公司，2019.11

ISBN 978-7-5057-4611-4

Ⅰ. ①逻… Ⅱ. ①侍… ②金… Ⅲ. ①企业管理—经验—美国 Ⅳ. ①F279.712.3

中国版本图书馆CIP数据核字（2019）第040490号

书名 逻辑思维是训练出来的
作者 ［日］侍留启介
译者 金　磊
出版 中国友谊出版公司
发行 中国友谊出版公司
经销 新华书店
印刷 三河市冀华印务有限公司
规格 700×980毫米　16开
13.25印张　145千字
版次 2019年12月第1版
印次 2019年12月第1次印刷
书号 ISBN 978-7-5057-4611-4
定价 45.00元
地址 北京市朝阳区西坝河南里17号楼
邮编 100028
电话 （010）64678009

如发现图书质量问题，可联系调换。质量投诉电话：010-82069336